15.11.92

rowohlts monographien
begründet von Kurt Kusenberg
herausgegeben
von Wolfgang Müller

Johann Amos Comenius

mit Selbstzeugnissen
und Bilddokumenten
dargestellt von
Veit-Jakobus Dieterich

rororo

Rowohlt

Dieser Band wurde eigens für «rowohlts monographien» geschrieben
Den Anhang besorgte der Autor
Herausgeber: Wolfgang Müller
Redaktionsassistenz: Katrin Finkemeier
Umschlaggestaltung: Walter Hellmann
Vorderseite: Johann Amos Comenius, ca. 1658–60.
Gemälde von Juriaen Ovens
(© Rijksmuseum-Stichting Amsterdam)
Rückseite: Aus der Einleitung des «Orbis sensualium pictus»
von Johann Amos Comenius. Nürnberg 1658

Veröffentlicht im Rowohlt Taschenbuch Verlag GmbH,
Reinbek bei Hamburg, Dezember 1991

Satz Times (Linotronic 500)
Gesamtherstellung Clausen & Bosse, Leck
Printed in Germany
1080-ISBN 3 499 50466 9

Inhalt

Johann Amos Comenius. Kupferstich von G. Glouer in der Erstausgabe der «A Reformation of Schooles», London 1642

Einleitung

Die mich näher kennen, wissen, daß ich ein Mann von schwachem Verstande und geringer Gelehrsamkeit bin ...[1] Diese Worte, mit denen sich Johann Amos Comenius (1592–1670) seinen Lesern vorstellt, sind wohl nur als Ausdruck seiner Bescheidenheit zu verstehen. Denn Comenius war ein gelehrter Mann. Er fühlte sich nicht nur in der theologischen und philosophischen Tradition des Abendlandes zu Hause, sondern überblickte auch die neuen wissenschaftlichen Erkenntnisse seiner Zeit und förderte deren Weiterentwicklung durch ein eigenständiges, originelles Gedankensystem. Der Nachwelt blieb er als «Klassiker der Pädagogik» in Erinnerung, als Begründer einer systematischen Pädagogik, der zudem als engagierter Lehrer und Schulreformer nicht nur für die Theorie, sondern auch für die Praxis der Erziehung bahnbrechend wurde. Comenius' eigene Selbsteinschätzung spricht gegen die Einseitigkeit dieser Auffassung. Die kürzeste Fassung einer Autobiographie aus seiner Feder lautet: *Ich bin von Geburt ein Mähre, der Sprache nach ein Böhme, von Beruf ein Theologe.*[2] Comenius, Geistlicher und letzter Bischof der Böhmischen Brüderunität, verstand sich in erster Linie als Theologe; seine pädagogischen Konzepte begriff er als Konsequenzen seines Glaubens. Im Grunde aber sind beide Sichtweisen zu eng, das Urteil der Nachwelt wie die Selbsteinschätzung des Comenius. Mag er sich auch als Theologe fühlen, mögen seine entscheidenden Anregungen auch der Pädagogik zugute kommen, Werk und Wirken dieses Mannes zeigen eine so erstaunliche Vielfalt, daß er nur als universell gebildeter Gelehrter gesehen werden kann. In über 250 Schriften befaßte er sich nicht nur mit theologischen und pädagogischen, sondern auch mit sprachwissenschaftlichen, naturwissenschaftlichen, politischen und philosophischen Themen. Comenius war ein Meister der tschechischen Sprache, seine Werke besitzen zum Teil dichterische Qualität. Für die Weiterentwicklung des Tschechischen leistete er einen ähnlich bedeutenden Beitrag wie vor ihm sein Landsmann Jan Hus (1369–1415). Im Gegensatz zu seinen eigenständigen sprachlichen und sprachwissenschaftlichen Leistungen trug er zur Entfaltung der aufkommenden Naturwissenschaften nur wenig bei, beschäftigte sich aber zeitlebens mit naturwissenschaftlichen sowie mit erkenntnis-

bzw. wissenschaftstheoretischen Fragen. Er forderte eine gründliche Erforschung der Natur, warnte jedoch zugleich vor einem einseitigen Rationalismus oder Empirismus, das heißt vor einer ausschließlich an der Vernunft oder der Erfahrung orientierten Betrachtung der Welt. Die politischen Auffassungen des Comenius sind am Leitgedanken des Friedens orientiert. Unter «Frieden» versteht er sowohl den sozialen Frieden innerhalb eines Landes als auch den politischen zwischen den Völkern. Als Berater von Regierungen in wichtigen Zentren Europas und als Verfasser von politischen Streitschriften versuchte er, das tagespolitische Geschehen unmittelbar zu beeinflussen. Die unterschiedlichen Bereiche seines Denkens und Handelns faßte Comenius in einem einheitlichen philosophischen System, der sogenannten *Pansophie* (Allweisheit) zusammen. Diese *Pansophie* geht vom Dreieck Gott – Mensch – Natur aus und umgreift Theologie (als Verhältnis von Gott und Mensch), Politik (als Verhältnis der Menschen untereinander) und Naturwissenschaft (als Verhältnis des Menschen zur Natur).

Im Laufe seines Lebens hat Comenius ein großartiges, geschlossenes Gedankensystem ausgearbeitet. Diese Einheitlichkeit wird die vorliegende Arbeit darzustellen versuchen. Sie wird jedoch nicht behaupten, daß bei dem Menschen und Denker Comenius völlige Spannungsfreiheit geherrscht habe, ganz im Gegenteil. Die Unausgewogenheiten lassen sich sowohl als Folge der Verarbeitung der unterschiedlichsten Traditionen im comenianischen Werk sowie als Spannungen in diesem System selbst begreifen, daneben aber auch als Weiterentwicklungen im Laufe der Zeit. Comenius sah sich nie am Ziel, nicht einmal am Ende seines Lebens. Immer hat er sich bemüht, sein Gedankensystem weiter auszubauen und Anregungen aufzunehmen.

Gegenüber den Entwicklungen, in welchen sich die Neuzeit herausbildete, hat sich Comenius in ambivalenter Weise verhalten. Während er einerseits neue Richtungen des Denkens und Forschens begeistert begleitete oder gar selbst neue Wege bahnte, hielt er andererseits an alten Vorstellungen, etwa an der umfassenden Einheit von Gott, Mensch und Welt, fest und kritisierte manche moderne Einstellung schon in der Phase ihrer Entstehung. Angesichts der gegenwärtigen Krise der Moderne wird Comenius in umfassender Weise erneut aktuell – mit seinem Mißtrauen gegen eine zweckrationale Wissenschaft, seinem Hinweis auf die Verantwortung des Menschen für die Natur, seinen pädagogischen Neuerungen, seinem engagierten Eintreten für den Frieden und für eine grundlegende Weltreform sowie mit seiner Suche nach einem umfassenden Sinn- und Begründungszusammenhang allen menschlichen Wissens, Handelns und Hoffens.

Von Geburt ein Mähre, von Beruf ein Theologe

Das Zeitalter der Glaubenskämpfe

Comenius weist in seinen Schriften immer wieder darauf hin, daß gegenwärtig das Alte vergeht, damit Neues entsteht. Treffend charakterisierte er damit die dialektische Spannung, welche die ganze Epoche und ihn selbst prägt. Der größte Teil seines Lebens fiel in das Zeitalter der Glaubenskämpfe (Mitte des 16. bis Mitte des 17. Jahrhunderts).[3] In dieser Phase der frühen Neuzeit zerbrachen die alten Ordnungen, neue begannen zu entstehen. Diesen Umbruch begleiteten aggressive Auseinandersetzungen, die sich in maßloser Gewalt entluden, in den Kämpfen, die im Dreißigjährigen Krieg ihren grausamen Höhepunkt fanden, und in der Inquisition, die gegen Andersgläubige, Frauen und gegen die aufkommende Naturwissenschaft zu Felde zog. Heftige Gegensätze kennzeichneten diese Epoche der hochgespanntesten Hoffnungen und der bittersten menschlichen Erfahrungen.

In allen Lebensbereichen wurden in dieser Zeit Veränderungen wirksam. Die alte Einheit der Kirche und des Glaubens, in der Reformationszeit aufgebrochen, zerfiel nun endgültig. An ihre Stelle traten die einzelnen Konfessionen, die sich nach innen durch Reformen, Dogmenbildung und «Rechtgläubigkeit» (Orthodoxie), nach außen aber durch politische Macht und missionarische Offensive zu festigen suchten («Konfessionelles Zeitalter»). Der Katholizismus setzte zur Gegenreformation an, der Calvinismus zu seiner zweiten Ausbreitungswelle, durch welche er dem Luthertum die Führungsrolle innerhalb der reformatorischen Bewegung streitig machte. Zu Beginn des 17. Jahrhunderts standen sich die Konfessionen in zwei feindseligen Bündnissen, der protestantischen Union (seit 1608) und der katholischen Liga (seit 1609), gegenüber.

Auf der politischen Ebene begann eine allmähliche Emanzipation der Politik von der Religion. Jean Bodin (1529–96), Hugo Grotius (1583–1645) und Thomas Hobbes (1588–1679) versuchten, die Staatsidee und den Gedanken staatlicher Macht rational, das heißt mittels der menschlichen Vernunft, zu begründen. In der Praxis setzte sich als neue Regierungsform allmählich der Absolutismus durch («Zeitalter des kon-

Raubende Soldateska im Dreißigjährigen Krieg. Holzstich nach einer Radierung von H. U. Franck, um 1646

fessionellen Absolutismus»). Die Verbreitung der absolutistischen Regierungsform gelang allerdings erst nach langen Auseinandersetzungen zwischen den sogenannten «Zwischengewalten» – dem niederen Adel, den Ständen und den Städten – und dem hohen Adel, also Kaiser, Königen und Fürsten. Der Kampf endete unterschiedlich: Während in den Niederlanden das Bürgertum die Oberhand gewann und in England Bürgertum und Adel gleichermaßen erfolgreich waren, entschieden in Spanien, Frankreich, Österreich und zum Teil auch in Deutschland die Landesherren den Streit zu ihren Gunsten. Parallel mit der Bedeutung des Absolutismus wuchs der Gedanke der Nation. Einige Staaten formierten sich jetzt als Nationalstaaten. Unter den großen Mächten entbrannte ein heftiger Kampf um die europäische Vorherrschaft.

In der sechsunddreißigjährigen Regierungszeit des im Hradschin in Prag residierenden und häufig an Depressionen leidenden Kaisers Rudolf II. (1552–1612) verlor das Deutsche Reich sowohl nach außen als auch nach innen an Bedeutung. Durch die Spannungen zwischen katholischen und protestantischen Landesherren kam es zu einer Lähmung und teilweisen Abschaffung der wichtigsten Reichsorgane. Am Ende des Machtverlustes des Kaisers stand der Sieg des Territorialfürstentums über die kaiserliche Zentralgewalt. Die religiösen und politischen Spannungen auf den verschiedenen Ebenen entluden sich im Dreißigjährigen Krieg (1618–48), der weite Teile Deutschlands nachhaltig verwüstete und für mehr als ein Jahrhundert soziale wie politische Entwicklungen in Mitteleuropa lähmte.

Diese allmählichen Veränderungen der politischen Herrschaftsformen und der konkreten politischen Machtverhältnisse standen auf ökonomischem Gebiet mit dem langsamen Übergang von feudalistischen zu kapitalistischen Produktionsformen in Verbindung. Wichtige Stufen dieser Entwicklung sind der Handelskapitalismus, der eine Massenproduktion für ferne Märkte ermöglicht, die Intensivierung der Arbeitsteilung in der Manufaktur und schließlich die Einführung von wasserkraftgetriebenen Antriebsmaschinen und von ersten Arbeitsmaschinen. Die protestantischen Mächte England und Holland führten die Entwicklung zum Kapitalismus an, während die katholischen habsburgischen Länder stärker den alten Strukturen verhaftet blieben.

In enger Verflechtung mit dem Wandel im religiösen, politischen und wirtschaftlichen Bereich vollzog sich wie im gesamten geistigen Leben auch in der Philosophie ein Umbruch, der sich mit den folgenden Stichworten kennzeichnen läßt: die radikale Infragestellung des alten Wissens; das Zerbrechen der alten, überkommenen, geschlossenen Weltanschauung; die Emanzipation der Vernunft vom Glauben, ihre wachsende Bedeutung sowie die Suche nach neuem Wissen mit Hilfe der menschlichen Vernunft (Rationalismus) oder der Erfahrung (Empirismus); die Suche nach einer wissenschaftlichen Methode zur Gewinnung sicherer Erkenntnis; die Neigung, einheitliche, auf wenigen Grundsätzen beruhende philosophische Systeme zu errichten, etwa bei René Descartes (1596–1650), später bei Baruch Spinoza (1632–77) und Gottfried Wilhelm von Leibniz (1646 bis 1716); schließlich die Tendenz, sich intensiv der Natur zuzuwenden und sie dem menschlichen Forschungs- und Herrschaftsinteresse gefügig zu machen. Philosophie wandelte sich zur Naturphilosophie. Neu entstand die Naturwissenschaft. Ihr lieferte Francis Bacon (1561–1626) die visionäre Vorstellung, René Descartes die philosophische Begründung, während Galileo Galilei (1564–1642) der praktische, experimentelle Durchbruch gelang. Die Inhalte des neuen Weltbildes, etwa das schon von Nikolaus Kopernikus (1473–1543) entwickelte heliozentrische System, erfuhren jetzt durch die in Prag tätigen kaiserlichen Hofastronomen Tycho Brahe (1546–1601) und Johannes Kepler (1571–1630) eine wissenschaftliche Fundierung und Ausgestaltung.

Wie in der Politik und der Philosophie zeigte sich auch bei der Erziehung[4] die Tendenz zu einer langsamen Emanzipierung von der Vorherrschaft von Kirche und Religion. Erziehung wurde nun ganz bewußt als eine dem Menschen gestellte Aufgabe begriffen, sie erfuhr eine zuneh-

mende Institutionalisierung und eine stärkere wissenschaftliche Reflexion. Es vollzog sich eine Abkehr vom ausschließlichen Sprach- bzw. Philosophie- und Theologieunterricht hin zum empirischen, naturkundlichen Wissen, zu den «Realien». «Realismus», nicht «Verbalismus», lautete die Devise. Die Abwendung vom alten und die Fülle des neuen, naturkundlichen Wissens führte zu Unübersichtlichkeit und Verunsicherung. Es entstand das Bedürfnis, die Fülle der neuen Erkenntnisse zu sammeln und zu ordnen. Enzyklopädische Projekte hatten Hochkonjunktur. Die immer größere Bedeutung naturwissenschaftlicher und technischer Kenntnisse für das tägliche Leben, das wachsende Interesse des Staates an einer gewissen Allgemeinbildung der Bürger sowie der reformatorische Gedanke, daß jeder Gläubige imstande sein müsse, die Bibel selbst zu lesen, mündeten in die Forderung nach einer Schulpflicht für alle. Die Aufgabe, allen Menschen ein gewisses Grundwissen, einzelnen Gruppen und Schichten aber ein vertieftes Spezialwissen zu vermitteln, forderte eine wirksame Methode, welche den gewünschten Erfolg gewährleistete. An diesem Problem arbeiteten die pädagogischen Reformer des beginnenden 17. Jahrhunderts, insbesondere Wolfgang Ratke (1571–1635), der sich selbstbewußt als «Didacticus» bezeichnete und mit seiner «neuen Lehrart» den Schulbetrieb umgestalten wollte.

Ansicht der Stadt Prag.
Kupferstich von G. Braun
und F. Hogenberg,
um 1600

Böhmen, Mähren und die Brüderunität

Das Paradies der Erde ist Europa. Das Herz Europas Deutschland, und Deutschlands Herz ist Böhmen. – Ein Land, wo Milch und Honig fließt.[5] Mit diesen Worten würdigte Comenius in einer seiner letzten Schriften die eigene Heimat. In der Tat entwickelte sich Böhmen im 15. und 16. Jahrhundert zu einem blühenden Land. Silberbergwerke, statt wie früher unter genossenschaftlicher Leitung zunehmend unter Führung eines kapitalistischen Unternehmers, und Textilmanufakturen, charakteristisch für die Frühzeit des Kapitalismus, brachten den wirtschaftlichen Aufschwung. Prag stieg als Residenz des Kaisers zu einem bedeutenden politischen und wissenschaftlichen Zentrum auf. Zugleich behielten die böhmischen Stände weitgehende Freiheiten, die ihnen Kaiser Rudolf II. im Majestätsbrief aus dem Jahre 1609 bestätigen mußte. Der Majestätsbrief sicherte zugleich allen Protestanten, die 1525 gemeinsam das «Böhmische Bekenntnis» («Confessio Bohemica») herausgegeben hatten, Religionsfreiheit zu.

Die Verhältnisse in Mähren, der eigentlichen Heimat des Comenius, glichen denen in Böhmen. Die religiöse Toleranz war hier sogar noch größer. Schon Mitte des 16. Jahrhunderts hatte der Landtag Versuche des Kaisers zu einer Gegenreformation mit den Worten zurückgewiesen: «Mähren ist ein freies Land ... und lieber will es in Flammen und Asche

Karl von Žerotín (d. Ä.).
Kupferstich aus:
Voigt: Abbildungen Böhmischer und Mährischer Gelehrten, Theil 2.
Prag 1775

vergehen, als sich dem Zwang in Gewissenssachen unterwerfen!»[6] Um die Jahrhundertwende konnte sich Mähren unter dem Ständeführer Karl von Žerotín dem Älteren (1564–1636) ungestört entfalten.

Dennoch gab es unter der Oberfläche in Böhmen und Mähren starke Spannungen: auf wirtschaftlichem Gebiet das Nebeneinander von alten, feudalen und gerade entstehenden frühkapitalistischen Strukturen; im politischen Bereich den Gegensatz zwischen zentralistischen, absolutistischen Bestrebungen des Kaisers und den alten Freiheiten der Stände, daneben die Überfremdung der einheimischen, tschechischen Kultur durch eine Politik der «Germanisierung», der Ansiedlung einer kaisertreuen deutschen Oberschicht; schließlich unter religiösem Aspekt den Konflikt zwischen protestantischer Reformation und katholischer Gegenreformation.

Zu den protestantischen Kirchen gehörte auch die Unität der Böhmischen Brüder («Unitas Fratrum»).[7] Sie war Mitte des 15. Jahrhunderts aus dem Hussitentum hervorgegangen und stand zwischen dem Taboritentum, dem radikalen, «linken» hussitischen Flügel, und den Utraquisten, die eine Annäherung an die katholische Kirche suchten. Zahlenmäßig war die Brüderunität nicht übermäßig bedeutend, ihr politischer und kultureller, vor allem bildungspolitischer Einfluß jedoch sehr groß. Karl von Žerotín gehörte zu ihren Gönnern.

In der Theologie der Brüder herrschte das Schriftprinzip: Oberste Autorität besaß die Bibel, in erster Linie das Neue Testament. Aus diesem wurde als zentraler Leitgedanke die Trias von Glaube, Liebe und Hoffnung abgeleitet. Der Glaube und die Rechtfertigung aus dem Glauben bildeten die Grundlage der Gemeinde. Untrennbar damit verbunden blieb das Werk der tätigen christlichen Nächstenliebe. Stark ausgeprägt war bei den Brüdern schließlich die Hoffnung auf die baldige Wiederkunft Christi. Das Kirchenverständnis der Brüder ging davon aus, daß die Unität nicht die alleinseligmachende Gemeinde der Auserwählten sei, sondern nur ein Teilglied der allgemeinen Kirche mit der Aufgabe, in exemplarischer Weise sowohl die Urgemeinde wieder zu verwirklichen als auch die Gemeinde der Endzeit vorwegzunehmen. Dadurch wurde ein gewisses Maß an Toleranz möglich, zumindest gegenüber den anderen protestantischen Gruppierungen. Die Leitung der Unität lag beim Engen Rat, der sich aus den Priesterältesten, den Senioren und Konsenioren, zusammensetzte, und bei der Versammlung oder Synode, zu der alle Senioren, Priester und Diakone zusammentraten. In der Gemeinde herrschte eine strenge Zucht, die sich privater, halböffentlicher und öffentlicher Ermahnungen bediente. Das Verhältnis der Unität zur Welt

Singender Chor der Böhmischen Brüder. Ausschnitt aus dem Titelblatt des Cantionale von Ivančice, 1572

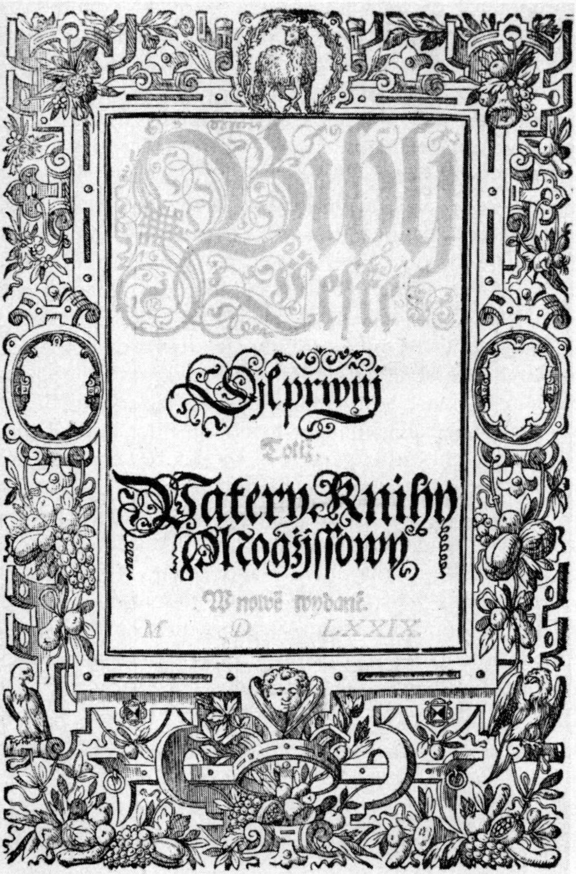

Titelblatt der «Kralizer Bibel», 1587

und zur weltlichen Macht wandelte sich im Laufe der Jahre; die Ablehnung weltlichen Zwanges in religiösen Dingen blieb jedoch ein Grundzug. Auch auf die mit dieser Haltung verknüpfte Frage nach der Beteiligung von Gemeindemitgliedern an der Ausübung staatlicher Macht veränderten sich die Antworten: Ursprünglich lehnten die Brüder weltliche Ämter, Krieg und Eid ab. Später entwickelten sie ein positives Verhältnis zur Macht und rechtfertigten nun auch den Krieg für den Fall, daß es sich um einen gerechten Verteidigungskrieg handelte. Der Grund für die veränderte Auffassung lag in einem Wandel der sozialen Struktur der Gemeinde. Während ihr ursprünglich nur einfache Menschen angehörten, die in dörflichen Gemeinschaften von ihrer Hände Arbeit lebten, gewann die Unität schon im Laufe des 16. Jahrhunderts auch in den Städten und unter dem Adel Anhänger. Erst jetzt wurde auch das ursprünglich geltende absolute Gleichheitsprinzip im sozialen Bereich in ein Gebot der Hilfe für notleidende Brüder abgeschwächt. Im 16. und 17. Jahrhundert kam es immer wieder zu Verfolgungen der Gemeinden in Böhmen. Die Verfolgten bildeten in Mähren und in Lissa (Polen) neue Zentren.

Besonders groß war der Einfluß der Unität in der Erziehung. Vom Evangelium her fanden die Brüder zu einer ganz neuen Wertung und Achtung des Kindes. Die Kindertaufe verstand man als vorläufige Einführung in die Gemeinde, die im Verlauf des Erwachsenwerdens durch eine bewußt getroffene, selbständige Entscheidung für die Zugehörigkeit zur Unität abgelöst werden sollte. Bei der Unterstützung dieses Prozesses spielte die Erziehung eine ganz entscheidende Rolle. Daneben führte das Prinzip, jedes Gemeindemitglied müsse selbst die Bibel lesen können, zur Forderung nach Bildung. Die Erziehung fand sowohl im alltäglichen Lebensvollzug als auch in eigenen Schulen statt. Das Schulwesen der Brüder wurde nach humanistischen Prinzipien aufgebaut und erreichte ein relativ hohes Niveau. Sowohl für die Gemeinde- als auch für die Unterrichtsveranstaltungen bekamen Bücher eine außerordentliche Bedeutung. Zur Herstellung von Katechismen, Gesangbüchern, Schulbüchern und einer tschechischen Bibelübersetzung, der sogenannten Kralizer Bibel, besaß die Unität eine eigene Druckerei.

Kindheit, Jugend und Studium (1592–1614)

Mit Nachrichten über seinen Lebensweg geht Comenius nicht gerade großzügig um. Zwar hat er gegen Ende seines Lebens zwei Autobiographien verfaßt[8], doch konzentriert er sich dabei mehr auf sein Werk als auf seine Person und bezieht nicht die ganze Spanne seines Lebens ein. Vor allem über seine Kindheit, seine Jugend und sein hohes Alter teilt Comenius recht wenig mit. In seinen Briefen findet sich nahezu kein persönliches Wort, hier dreht sich alles um seine Arbeit. Umgekehrt sind aber in seine Werke mitunter persönliche Notizen eingestreut. Auch stehen hinter den theoretischen Erwägungen häufig persönliche Erfahrungen, so daß sich alles in allem ein einigermaßen zuverlässiges Bild seiner Persönlichkeit gewinnen läßt.

Geboren wurde er am 28. März 1592 unter dem Namen Jan Komenský als Sohn des angesehenen Bürgers Martin Komenský und seiner Frau Anna in der ostmährischen Ortschaft Nivnice in der Nähe von Uherský Brod. Erst im Mannesalter latinisierte er seinen Namen und wurde dann

Ausschnitt aus der von Johann Amos Comenius gezeichneten Karte Mährens mit seinem Geburtsort Nivnice

unter dem Namen Jan Amos Comenius bekannt. Mit zehn Jahren verlor Jan seinen Vater, mit elf seine Mutter und zwei seiner Schwestern. Eine Tante nahm das Waisenkind in ihr Haus in Strážnice im südlichen Mähren an der Grenze zur Slowakei auf. Dort besuchte er eine Schule der Unität. Als Jan dreizehn Jahre alt ist, wird der Ort überfallen und niedergebrannt. Der Junge kommt nach Nivnice, den Ort seiner Geburt, zurück und lernt dort bei seinem Vormund, einem Müller, das bäuerliche und handwerkliche Leben kennen. Eine Schule besucht er wohl nicht. Er beginnt früh, körperlich zu arbeiten. Als dem Waisen Jan eine kleine Erbschaft zufällt, schickt ihn sein Vormund im Jahre 1608 auf die höhere Schule der Brüder in Prerau (Přerov). Erst jetzt, im Alter von sechzehn Jahren, erhält Jan eine gelehrte Schulbildung, die in erster Linie aus Lateinunterricht und religiöser Unterweisung besteht. Nach dreijährigem Schulbesuch, mit neunzehn Jahren, ist er reif für die Universität.

Manche Erfahrungen seiner Kindheit und Jugend blieben für sein ganzes Leben bestimmend: die eher einfache Herkunft, die ihn dazu brachte, immer an alle Menschen, auch an die armen und schlichten, zu denken; die religiöse Einbettung in die Gemeinde der Brüder; die Kenntnis des praktischen, bäuerlichen und handwerklichen Lebens; die frühe Konfrontation mit Leid, Tod und Vertreibung, die in ihm bis ins hohe Alter die Sehnsucht

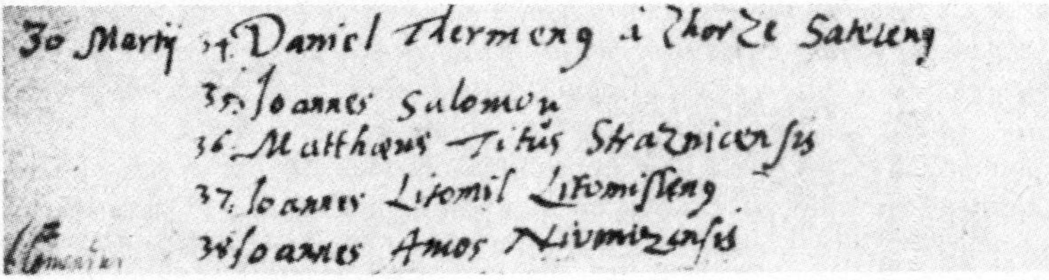
30 Martij 34. Daniel
35. Joannes Salomon
36. Matthaeus Titus Strazniciensis
37. Joannes Litomil Litomislensis
38. Joannes Amos Nivnizensis

Matrikel der Universität Herborn, 1611. Unter dem 30. März findet sich der Name des Comenius

nach einem ruhigen Leben in Frieden wachhielt; die Mühe einer auf bloßes Pauken und auf spitzfindige Scholastik gerichteten Schulbildung, die ihn immer wieder über die Härte der Jugendjahre klagen ließ, aber zugleich dazu antrieb, mit allen Kräften an der Verbesserung der Erziehung und der Schulen zu arbeiten: *Von vielen Tausenden bin auch ich einer, ein armes Menschenkind, dem der liebliche Lebensfrühling, die blühenden Jugendjahre mit scholastischen Flausen verdorben wurden… Ach, wie oft hat der Schmerz mich ausrufen lassen: «Brächte doch Jupiter mir die vergangenen Jahre zurück.» Aber das sind vergebliche Wünsche. Der Tag, der verstrichen ist, kommt nicht zurück. Keiner von uns, der seine Jahre hinter sich hat, wird wieder jung und lernt, sein Leben aufs neue zu beginnen und sich mit beßrer Ausrüstung dafür zu versehen: da ist kein Ausweg.*

Hof der Hohen Schule in Herborn. Fotografie, um 1900

Nur eines bleibt und eines ist möglich, daß wir die Hilfe, die wir unseren Nachkommen leisten können, wirklich leisten. Haben wir nämlich gezeigt, in welche Irrtümer uns unsre Lehrer hineingestürzt haben, so müssen wir nun zeigen, auf welchem Weg man diese Irrtümer vermeiden kann.[9] Schließlich zeigten sich Ansätze philosophischen Denkens schon beim kleinen Jan während des Besuchs der Schule in Strážnice. Dort habe er, so schreibt Comenius im hohen Alter in einem Brief, auf einer blühenden Wiese seinen Schulkameraden erklärt, daß Gott nur einige wenige Grundfarben erschuf, die Vielfalt der Farben aber durch Veränderungen zustande komme, welche die einzelnen Pflanzen selbst bewirkten.[10] Diesen Gedanken hat Comenius später zu seiner zentralen philosophischen Idee von der den ganzen Kosmos durchwaltenden Harmonie weiterentwickelt.

Im Jahre 1611 geht der neunzehnjährige Comenius zusammen mit mehreren anderen Mitgliedern der Unität an die neugegründete calvinistische Hochschule in Herborn, um dort Theologie zu studieren und sich auf das Amt eines Geistlichen vorzubereiten. Er nimmt jetzt den zusätzlichen Vornamen «Amos» an. In Herborn lernt er den Professor Johannes Piscator (Fischer) (1546–1625) und dessen erst dreiundzwanzigjährigen Kollegen Johann Heinrich Alsted (1588–1638) kennen. Beide Lehrer be-

Johann Heinrich Alsted

Johannes Piscator

einflussen Jan Amos mit ihrem Glauben an das baldige Kommen des Tausendjährigen Reiches. Alsted beeindruckt ihn zusätzlich durch seine enzyklopädischen Bemühungen und durch den Gedanken einer großen Weltharmonie. Von ihm lernt Comenius zudem eine wirkungsvolle Arbeitstechnik. Der Professor läßt seine Studenten Zitate notieren und anschließend ordnen. Nach diesem «Zettelkastensystem» hat Comenius zeitlebens gearbeitet und es auch seinen Schülern zur Anwendung empfohlen. In die Zeit des Herborner Studiums fallen auch die ersten Veröffentlichungen des Comenius, Hochschularbeiten von geringerer Bedeutung.

Im Jahre 1613 unternimmt Comenius eine Studienreise, um bedeutende Persönlichkeiten und andere Länder kennenzulernen. Die Stationen dieser Bildungsreise sind im einzelnen nicht bekannt. Sicher ist aber, daß Comenius auch nach Holland und dort nach Amsterdam kommt. Im Anschluß an diese Reise immatrikuliert er sich im Sommer 1613 an der calvinistischen Universität in Heidelberg. Dort arbeitet der friedenstheologisch gesinnte Professor David Pareus (1548–1622) an dem Versuch, die verschiedenen und untereinander zerstrittenen protestantischen Gruppen miteinander zu versöhnen.

Der Einfluß seiner Herborner und Heidelberger Studien und der drei Lehrer Alsted, Piscator und Pareus auf Comenius kann wohl kaum über-

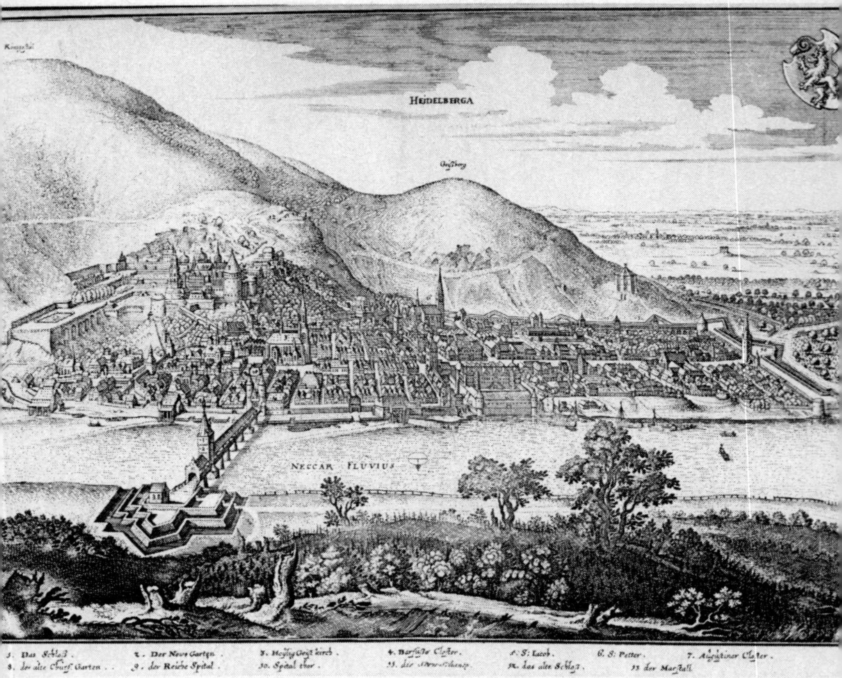

Heidelberg. Kupferstich der Merian-Werkstatt, 1650

schätzt werden.[11] Die Gedanken an die nahende Endzeit und die notwendige Einheit der Christen, an eine die Welt durchwaltende Harmonie und schließlich an eine Enzyklopädie, welche die Weltharmonie im Bereich des Wissens gleichsam abbildet, haben Comenius sein ganzes Leben lang beschäftigt.

Schon während seiner Studienzeit faßt er die ersten Pläne für seine eigene wissenschaftliche Arbeit. Er will ein großes Werk, ein *Schauspiel* (*Theatrum*), schreiben, das sich aus drei Teilen zusammensetzt: Das *Schauspiel der Heiligen Schrift* (*Theatrum Sanctae Scripturae*) soll die Theologie zusammenfassen, ein *Schauspiel der Gesamtheit der Dinge* (*Theatrum Universitatis Rerum*) die real existierenden Dinge in einer Art Lexikon zusammentragen, mit einem *Tschechischen Sprachschatz* (*Thesaurus Linguae Bohemicae*) will er die Sprache mittels Lexikon, Grammatik und Sprichwortsammlung erfassen. Die unterschiedlichen Bemühungen stehen nicht unvermittelt nebeneinander. Vielmehr geht Comenius davon aus, daß die von Gott erschaffenen Dinge sich in den

Wörtern abbilden und damit gedanklich erfassen lassen und umgekehrt die Wörter nur dann einen Sinn haben, wenn hinter ihnen die real existierende Schöpfungswirklichkeit sichtbar wird. In diesem Plan zeigen sich schon die Schwerpunkte der Interessen des Comenius: die theologische[12], die enzyklopädische[13] und die sprachwissenschaftliche[14] Richtung. Zur Ausführung seiner Ideen kommt es vorläufig nicht. Für die Promotion fehlen sowohl das notwendige Geld als auch das Verständnis der Unität, die auf äußere Titel wenig Wert legt. So kehrt Comenius in seine Heimat zurück: *Ich legte (im vierzehnten Jahr dieses Jahrhunderts) den Weg von Heidelberg nach Prag ausschließlich zu Fuß zurück, bewahrt durch die Begleitung eines Schutzengels und durch eine unverwüstliche Konstitution. (Die Ursache dieser Reise war, daß vom Reisegeld nicht mehr viel zurückgeblieben war und daß ich mir gerade durch die Bewegung die Genesung von einer Krankheit erhoffte, eine Hoffnung, die mich nicht täuschen sollte.)*[15]

Die Ergebnisse des Schulbesuchs und der Studienzeit sind erstaunlich. Comenius war theologisch gebildet, in der Bibel äußerst bewandert, in den Traditionen und Auffassungen der Brüderunität beheimatet und besaß genaue Kenntnisse der anderen protestantischen Konfessionen. In der Philosophie stand er insbesondere in der Tradition Platons und des Neuplatonismus[16], kannte aber auch Aristoteles[17] und andere antike Autoren, etwa Seneca, sehr gut. Zu den heidnischen antiken Autoren hatte er ein ambivalentes Verhältnis: Auf der einen Seite schätzte er sie hoch und zitierte sie häufig, auf der andern wertete er sie ab und versuchte, sich auf biblische und theologische Zitate zu konzentrieren. Auch neuere philosophische Strömungen, etwa den Humanismus, nahm Comenius auf. So kannte er insbesondere die Schriften des spanischen Humanisten Johannes Ludovicus (Juan Luis) Vives (1492–1540).

Comenius gab seine Studien mit dem Ende der Studentenzeit nicht auf, sondern führte sie zeitlebens in intensiver Weise fort. Er erweiterte dabei nicht nur seine Kenntnisse des traditionellen Kultur- und Bildungsgutes, sondern nahm die gesamte zeitgenössische Theologie, Philosophie und Naturwissenschaft in sein Denken auf. Wichtige Werke Francis Bacons und Tommaso Campanellas (1568–1639) hatte er gelesen, René Descartes begegnete er sogar persönlich.

Die Tränen der Armen (1614–1628)

Prerau und Fulnek

Im Frühjahr 1614 kehrt Comenius in seine Heimat zurück. In Prerau wird der Zweiundzwanzigjährige an der Brüderschule, die er erst drei Jahre zuvor als Schüler verlassen hatte, Lehrer und Rektor. Zwei Jahre später wird er zusammen mit einer Gruppe von Brüdern zum Priester der Unität ordiniert. Anfang 1618 heiratet er Magdalena Vizovská. Im folgenden Jahr wird dem Paar der erste Sohn geboren.

1618 kommt eine neue Aufgabe auf Comenius zu. Er soll Geistlicher und Lehrer in Fulnek werden, einer kleinen Stadt in der Nähe der mährisch-schlesischen Grenze. Dort gibt es schon seit der zweiten Hälfte des 15. Jahrhunderts eine Gemeinde der Unität. Die Einwohner Fulneks gehörten den unterschiedlichsten Nationalitäten und Glaubensbekenntnissen an, die Stadt war von nationalen und konfessionellen Spannungen sowie von starken sozialen Gegensätzen zwischen Grundherren und Kaufleuten auf der einen und Armen auf der anderen Seite geprägt. Die Gemeinde der Unität stand in der deutschen Tradition, da ihr viele Nachkommen von Waldensern aus Brandenburg angehörten. Ein wichtiger Grund für die Berufung des Comenius nach Fulnek lag sicher in dem Umstand, daß er Deutsch seit seiner Kindheit durch den Umgang mit deutschen Einwanderern wie eine zweite Muttersprache beherrschte. Drei Jahre, von 1618 bis 1621, wirkte er hier als Geistlicher der Unitätsgemeinde. Die vielfältigen praktisch-pädagogischen und geistlichen Aufgaben in Prerau und Fulnek hinderten ihn nicht daran, sich weiterhin wissenschaftlichen Arbeiten zu widmen. Bezeichnend für ihn ist, daß er seine theoretischen Überlegungen immer von den praktischen Aufgaben her entwickelte, vor denen er stand. Seine ersten größeren Schriften befassen sich daher mit sprachpädagogischen, theologischen, enzyklopädischen und mit sozialen Problemen.

In seiner Prerauer Zeit verfaßte Comenius – wohl im Jahre 1616 – ein neues, allerdings verschollenes Lateinbuch, die *Vorschriften einer leichteren Grammatik* (*Grammaticae facilioris praecepta*). In der Schrift *Die Rettung vor dem Antichrist* setzte er sich kritisch mit dem Katholizismus und

Prerau

Fulnek

der Gegenreformation auseinander. Neben dieser Beschäftigung mit pädagogischen und theologischen Fragen widmete sich Comenius jetzt und in der Folgezeit seinem enzyklopädischen Projekt eines *Schauspiels der Gesamtheit der Dinge* (*Theatrum* und *Amphitheatrum*). Das Interesse, das ihn leitete, war nicht, selbst zu forschen, sondern nur zu sammeln und zu ordnen und damit einen Überblick über den zeitgenössischen Wissensstand zu geben: *In dem Theater der Welt... will ich nicht mit Gewalt suchen, was ich noch nicht ergründet habe. Doch will ich die Überschriften aller Dinge derart ordnen, daß ein jeder, der etwas gefunden hat, um die Kunst zu mehren, wissen kann, wohin er es einordnen könne.*[18]

Mit diesem Projekt reagiert Comenius auf die schnelle Ausweitung des Wissens in der Neuzeit. Er möchte der Fülle und Unübersichtlichkeit der neuen Erkenntnisse mittels einer Enzyklopädie begegnen, die alles Wissen zusammenfassen soll. Die während des Studiums angewandte Methode der Zettelsammlung ermöglicht diese Arbeit. Comenius bleibt aber nicht bei einer beliebigen Aneinanderreihung der Erkenntnisse stehen, sondern versucht, das Wissen zu ordnen, die Erkenntnis zu strukturieren. Mit einem Bild formuliert er seine Kritik an den enzyklopädischen Versuchen seiner Zeit: Diese würden nur einen Haufen einzelner, unzusammenhängender Holzstücke aufeinanderschichten, während seine Bemühungen einem einheitlichen, lebendigen Baum glichen.

Das wichtigste Werk aus der Zeit in Fulnek aber ist eine sozialtheologische Schrift, die *Briefe nach dem Himmel* (*Listové do nebe*).[19] Diese Schrift verdeutlicht, wie sensibel Comenius die Probleme seiner Zeit wahrnahm, wie gründlich er sie zu analysieren und wie glänzend er sie zu formulieren wußte. Das Werk besteht aus vier Briefen, die zwischen den Armen bzw. den Reichen und Jesus Christus hin- und hergesandt werden, sowie aus einer abschließenden öffentlichen Antwort Christi.

Im ersten Brief beschreiben die unterdrückten Armen ihre Not und die tiefe Kluft zwischen arm und reich in anschaulichen Bildern, die an das biblische Buch Amos erinnern: *Das geschieht gewiß nicht mit Recht, daß jene* (die Reichen) *eine Fülle, ja sogar einen Überfluß an irdischen Dingen besitzen, wir dagegen Not leiden sollen... Manche von ihnen haben volle Scheuern und Speisekammern, so daß die Vorräte von den Mäusen gefressen werden; wir dagegen sterben Hungers. Jene besitzen Schränke, die vollgefüllt sind mit Pelzen, Schauben* (Mänteln), *Röcken und anderen Kleidungsstücken, an denen die Motten nagen, wogegen wir halbnackt herumgehen. Sie haben Truhen voll Silber und Gold, ohne daß sie es anders als zum Anschauen gebrauchen; wir Arme dagegen wissen nicht, was wir mit unsern Schulden anfangen sollen...*[20]

Es bleibt jedoch nicht bei der Beschreibung der Situation, vielmehr werden die Ursachen für die Ungleichheit genannt: überhöhte Steuern, Frondienst, Schuldknechtschaft, Wucherzins, Pfändung bei Zahlungsunfähigkeit und Raub. Nicht nur die Obrigkeit, auch die Justiz hat sich ge-

Bettelmusikant und singende Frau. Holländischer Kupferstich des 17. Jahrhunderts

gen die Armen verschworen, sie ist für die Reichen käuflich geworden. *So ist es ein seltenes Schauspiel, daß der Arme in seinem Prozesse zu seinem Recht kommt. Es muß eben das Fett immer oben schwimmen.*[21] Doppelt unerträglich wird die Situation, weil die Armen nicht nur ökonomisch und rechtlich, sondern auch moralisch diskriminiert werden, denn die Reichen sehen die Armen für *Fußfetzen* an, *an denen sie nach Belieben ihre Füße abreiben. Oftmals achten sie mehr ihren Hund als einen armen Menschen.*[22]

Auf die Beschreibung und die Analyse der Situation folgt eine theologische Betrachtung, die auf die Notwendigkeit der Gleichheit unter den Menschen hinweist: *Hast du uns denn nicht alle erschaffen, du unser einziger Schöpfer? Erschaffen nach deinem Bilde? Hast du uns nicht alle zu*

Herren bestellt über deiner Hände Werk und darin hauszuhalten anbefohlen? Bist du nicht für uns alle gestorben? Und gönnst du nicht allen deine Gnade?[23] Die Armen fordern eine radikale Veränderung, die Aufhebung der Ungleichheit, zumindest aber eine Verbesserung ihrer Lage: *Wenn wir fordern wollten, daß du Gleichheit unter uns schaffest und deine Güter unter uns alle gleichmäßig verteilest, würden wir nichts Unrechtes verlangen... Wir wollten gar nicht begehren, daß du uns höher als jene stellest und sie erniedrigest; nur das eine, daß du alle gleich behandelst, was mit deiner Gerechtigkeit gewiß nicht im Widerspruch stände. Wenn es dir jedoch anders gefällt, so soll es dabei bleiben. Das aber werden wir zu fordern nicht aufhören, daß du nicht zulassest, uns derart niederzutreten und zu bedrängen... Unsterblicher Gott! Beachte, was geschieht, und nimm dich entweder unser an oder verleugne uns als dein Geschöpf.*[24]

In seinem Antwortbrief weist Jesus Christus die armen Leute darauf hin, daß die Idee einer gleichen Verteilung der Güter eine Forderung sei, an die *nicht einmal zu denken geziemt.* Sie sollen vielmehr wissen, *daß es bei der ersten und althergebrachten Regel verbleiben soll und eine derartige Verteilung derzeit unterlassen wird.*[25] Die Begründungen für die Ungleichheit stammen zum einen aus dem Bereich der Natur, in der es auch Ungleichheit gibt, zum anderen aus der Bibel, die insbesondere von Jesu Armut berichtet. Dennoch verspricht Christus, den Armen zu helfen.

Im folgenden Brief an die Reichen schlägt Christus einen vernichtenden Ton an. Er verweist auf die Klagen der Armen und bestätigt die Berechtigung der Beschwerden: *Und ich weiß, daß dem so ist und daß ihr ihnen meistenteils Unrecht tut.*[26] Die Parteinahme Christi für die Armen wird jetzt eindeutig: *Ich sehe und beurteile, was geschieht; und Zeugen davon sind die Tränen meiner Armen, die ich in Flaschen aufbewahre und die euch zu seiner Zeit ein bitteres Getränk sein werden, oh ihr Grausamen und Unbarmherzigen!*[27] Das eigentliche Unrecht liegt jedoch nicht in der sozialen Ungleichheit, sondern im Hochmut der Reichen: *Mensch, du bist wahnsinnig, wenn du dich über einen Menschen erhebst, du bist wahnsinnig und rennst in dein Verderben. Alle seid ihr meine Diener und ich könnte auch euch gegenüber den üblichen Ausdruck «Leibeigene» gebrauchen, mit denen ich verfahren kann wie mir gefällt.*[28] Christus fordert die Reichen auf, sich an Recht und Gesetz zu halten: *Deswegen geruhe ich euch streng zu befehlen: Bedrückt meine Armen nicht. Seid mitleidig; bürdet ihnen nicht mehr als billig auf und fordert von ihnen nichts Ungehöriges.*[29]

In einem vierten Brief antworten die Reichen auf die Vorwürfe Christi. Schuld an der sozialen Not sind nach ihrer Meinung nicht sie, sondern die Armen selbst, *denn in Not und Elend geraten sie meistens durch ihre eigene Schuld, durch ihre Fressereien, Gastereien, Spiele, Müßiggang und Liederlichkeit; bei anderen aber... ist ihre Faulheit die einzige Ursache, daß sie sich auch nichts erwerben*[30]. Würde man den Armen helfen, käme dies einer Unterstützung der Faulheit gleich, *denn je mehr man für solche Leute tut, desto mehr ergeben sie sich der Trägheit und verschwenden alles, was sie in die Hand bekommen, und unsere Hilfe bewirkt nichts anderes, als daß sie in ihrer Trägheit bestärkt werden*[31]. So wäre eine Veränderung der ungerechten Verhältnisse vom pädagogischen Standpunkt aus unsinnig. Auch theologische Argumente rechtfertigen die Ungleichheit: *Du hast ja verheißen, und wir glauben an die Wahrheit deiner Reden, daß du segnen werdest, die dich fürchten und arbeiten und daß du nicht zulassen werdest, daß Mangel leide, wer dich fürchtet und seinem Beruf obliegt.*[32]

In der abschließenden öffentlichen Erklärung weist Christus darauf hin, daß *die endgültige Entscheidung dieses Streites aus gewissen Ursachen verschoben wird bis zu dem nahen öffentlichen und allgemeinen Gericht, das bald, ja gewiß bald auf Erden gehalten werden wird, am Ende der Zeit...*[33]. Für die Zwischenzeit werden beide Seiten zum Frieden ermahnt, ganz besonders aber die Reichen zur Buße aufgerufen.

Mit dieser Schrift hat Comenius die sozialen Spannungen seiner Zeit deutlich ausgedrückt und gegen die Mißstände des verfallenden Feudalismus und des beginnenden Frühkapitalismus Stellung bezogen. Er verwirft dabei sowohl die calvinistische Rechtfertigung von Reichtum und Erfolg als den sichtbaren Zeichen der Gnade Gottes als auch die vom

Hexenverbrennung im Fürstentum Jülich.
Holzschnitt, Kopf eines Flugblatts von 1591

revolutionären Hussiten- und Täufertum erhobene Forderung nach einem urgemeindlichen Kommunismus. Comenius' eigene Einstellung bleibt in der Schwebe. Er ist zu beseelt vom Gedanken, daß in allernächster Zukunft die Wiederkehr Christi bevorsteht und die Probleme dann gelöst werden. Die Unbestimmtheit in der Haltung des Comenius hat dazu geführt, daß er in neuerer Zeit ganz unterschiedlich verstanden und interpretiert worden ist. Während eine dialektisch-materialistische Deutung seine Parteinahme für die Armen hervorhob[34], wies eine konservative Auslegung darauf hin, daß Comenius nicht an der Veränderung der Verhältnisse gelegen sei.[35] Daß Comenius sich in dieser Schrift nicht als Sozialrevolutionär vorstellt, ist eindeutig, ebenso gewiß aber bleibt sein Engagement für die Unterdrückten.

In dieser Zeit äußerte Comenius in einem Brief an einen Geistlichen auch seine Ablehnung des Hexenwahns und der Gewalt gegen Frauen: *...so lassen Sie uns jene unglückliche zwei alte Weiber bedauern, welche unter den boshaften Verleumdungen ihrer Feinde ihr Leben so jämmerlich auf dem Scheiterhaufen lassen sollen, wir wollen Gott bitten, daß er die Herzen der Menschen erleuchte, damit sie das Joch des Aberglaubens endlich einmal abschütten und Gott allein die Ehre geben.*[36]

Der Fenstersturz zu Prag. Kupferstich aus: J. L. Gottfridus: Historische Chronica, Frankfurt a. M. 1642

Friedrich V., Kurfürst von der Pfalz, mit seiner Gemahlin. Kupferstich nach einem Gemälde von A. van der Venne (Ausschnitt)

Leben im Untergrund

Mein Leben war ein Wandern, eine Heimat hatte ich nicht. Es war ein ruheloses, fortwährendes Umhergeworfenwerden, niemals und nirgends fand ich einen festen Wohnsitz.[37] Diese Worte, mit denen der greise Comenius sein Leben charakterisiert, gelten besonders für die Zeit von 1621 bis 1628. Eigentlich hätte sein Leben nach der Beendigung des Studiums und nach dem Beginn seiner Tätigkeit in Prerau und Fulnek nun in geordneten Bahnen verlaufen können. Doch die Ereignisse der großen Politik, die Entfesselung und der Verlauf des Dreißigjährigen Kriegs, holten ihn ein und ließen ihn für lange Zeit nicht mehr zur Ruhe kommen.

Die gegen die zentralistische und gegenreformatorische Politik des Kaisers rebellierenden böhmischen Stände warfen beim Prager Fenstersturz am 23. Mai 1618 zwei Statthalter des Kaisers Matthias (1557–1619)

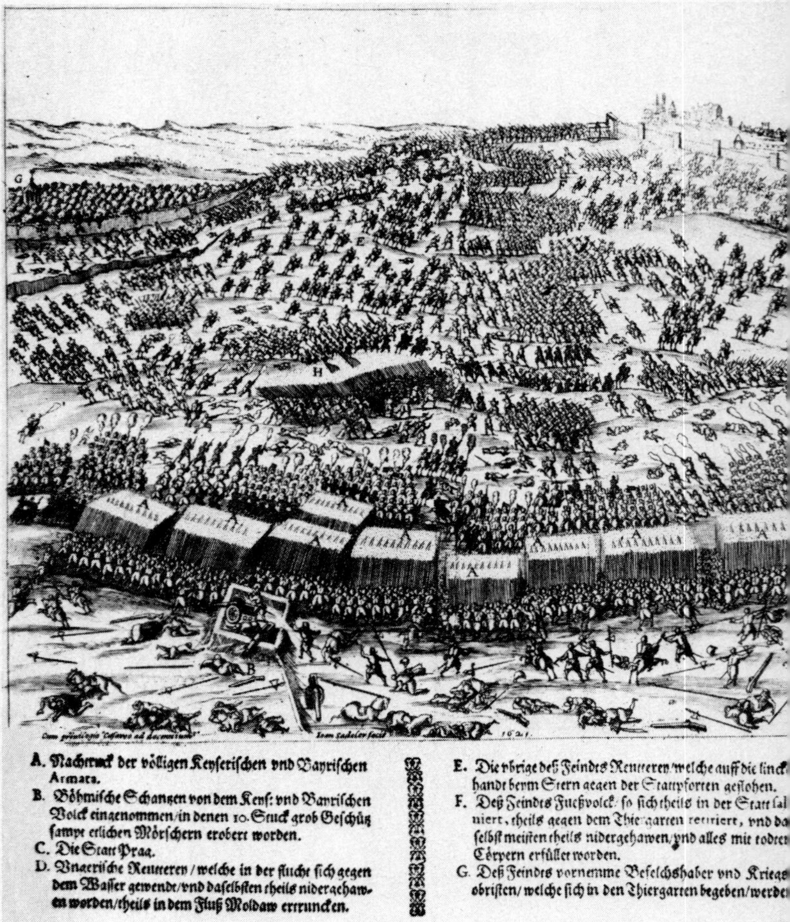

aus einem Fenster des Hradschin in den Burggraben und wählten im Jahre 1619 einen reformierten Landesherrn, Friedrich V. (1596–1632), Kurfürst von der Pfalz und Führer der protestantischen Union, zu ihrem König. Damit hatten sie sich demonstrativ vom Kaiser losgesagt. Die Wahl des Pfälzers wurde von den Böhmischen Brüdern unterstützt. Ihr Bischof Jan Cyrill (1569–1632) krönte Friedrich zum König. Der Lehrer Comenius ließ ein Bildnis Friedrichs in seiner Schule aufhängen. Kaiser Ferdinand II. (1578–1637) und die Katholische Liga unter ihrem Führer Maximilian I. von Bayern (1573–1651) gingen aber zum Gegenangriff über und schlugen die aufständischen Böhmen am 8. November 1620 in der

Die Schlacht am Weißen Berg.
Kupferstich aus: Kurtze und wahrhaffte Beschreibung, München 1623

Schlacht am Weißen Berg vernichtend. König Friedrich, der unter dem Namen «Winterkönig» in die Geschichte einging, mußte fliehen. Im sogenannten Prager Blutgericht wurden im Juni 1621 27 führende Männer des Aufstands hingerichtet, unter ihnen auch Mitglieder der Unität. Für die Protestanten brach jetzt eine Zeit der Verfolgung an. Gegen Comenius wurde, wie gegen andere Prediger der Brüder, ein Arrestmandat erlassen. Er mußte Fulnek verlassen und hielt sich in den Wäldern der Umgegend versteckt. Seine Frau, die in Fulnek geblieben war, gebar das zweite Kind. Aus dieser Zeit stammt der einzige Liebesbrief von Comenius: *Meine liebe Gattin M., mein Kleinod, mir nach Gott am liebsten! Nachdem*

Köpfe der im «Prager Blutgericht» Hingerichteten an einem Brückenturm in Prag. Zeitgenössisches Flugblatt

ich aus Gottes Willen und Zulassung vor menschlicher Wut weichen und mich von dir entfernen mußte und dir leiblich nicht anwesend sein kann, weswegen, wie ich weiß, Trauer und Sehnsucht deinem Herzen häufige Gäste sind, die auch bei mir nicht ausbleiben, schicke ich dir beiliegendes *Büchlein an meiner Stelle zum Trost... Aus diesem Traktat wirst du erfahren, daß es unnütz ist, in dieser Welt wählen zu wollen, wie man von Gott geleitet werden möchte, und daß es besser ist, freiwillig, wenn auch mit Tränen, Gott nachzufolgen und alles, Glück und Unglück, Freude und Trübsal, Lachen und Weinen, mit Dank aus seiner Hand zu empfangen... Lebe wohl! Gott helfe dir dein kommendes Kreuz zu tragen, damit es uns gemeinsam zum Troste gereiche. Datum an einem Orte, den Gott kennt, der unserer Flucht Schritte zählt, unsere Tränen in seinen Flaschen sammelt und unser Leiden in seinen Büchern verzeichnet (Ps. 56, V. 9). Dein bis zum Tode getreuer Gatte J. A. Jahr 1622, 18. Februar.*[38] Bald nahm der mährische Ständeführer Karl von Žerotín, der sich nicht am Aufstand gegen den Kaiser beteiligt hatte, Comenius und andere protestantische Geistliche auf und versteckte sie auf seinem Schloß Brandeis (Brandýs). Die Stadt Fulnek fiel einem Brand zum Opfer. Ein großer Teil der Bibliothek des Comenius wurde vernichtet. Dann starben seine Frau und seine beiden Söhne.

Auch die politische Lage wurde für die Protestanten in den Jahren 1620 bis 1623 immer verzweifelter. Der böhmische Aufstand war niedergeschlagen. Die protestantische Union verweigerte ihrem Führer Friedrich V. die Unterstützung und löste sich faktisch auf. König Friedrich verlor zur böhmischen Krone jetzt auch sein angestammtes Territorium, die Pfalz, und floh nach Holland. Der erste Abschnitt des Dreißigjährigen Kriegs, der Böhmisch-Pfälzische Krieg, endete 1623 mit einem überwältigenden Sieg für die Katholiken.

Auf Schloß Brandeis beschäftigte sich Comenius in dieser Zeit mit der Genealogie der Žerotíner und mit tschechischer Poetik. Er verfertigte eine *Neue Landkarte Mährens* (*Moraviae nova delineatio*)[39] und trug mit winzigen Buchstaben Bibelzitate in ein kleines Buch ein, das er dann als *Kern der Heiligen Schrift* (*Manuálník*) stets mit sich führte. Diese Arbeiten bedeuteten jedoch nicht, daß Comenius sich aus dem politischen Geschehen zurückgezogen hätte. Als Priester und Seelsorger befaßte er sich vielmehr weiterhin eingehend mit den Folgen der politischen Entwicklung für sein Volk, seine Kirche und die einzelnen Menschen. Die Ereignisse der politischen Geschichte und der Verlust seiner Familie bedrückten ihn sehr; 1623 und zu Beginn des Jahres 1624 scheint er an Depressionen gelitten zu haben. Im Rückblick auf diese Zeit schreibt er später: *Als das Dunkel der Katastrophe wuchs (im Jahre 1623) ... wurde ich von unbeschreiblichen Bedrängnissen und Versuchungen hin und her*

Schloß Brandeis. Kupferstich aus: M. Merian d. Ä.: Topographia Bohemiae, Moraviae et Silesiae, Frankfurt a. M. 1650

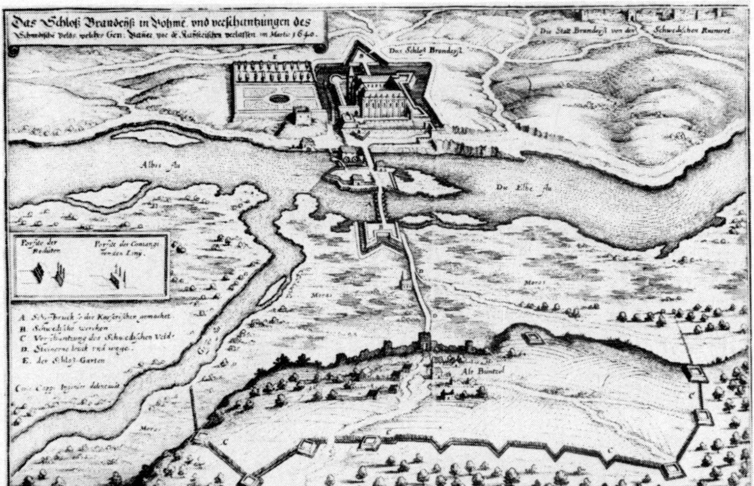

POENA
OLMUTS
PARS COMITATUS GLACENSIS
B O H E M I Æ
P A R S
AUSTRIÆ
SEPTEN TRIO
SCALA MILLIARIUM
Comenius Geographice
Nonnullas Urbes (praeter consuetudinem) à Bohemis appellatas, placuit linguâ Bohemicâ hic addere, et litterâ B notare, ut à reliquis discernatur.
J. A. Comenius

Die «Neue Landkarte Mährens» von Johann Amos Comenius

geworfen, und mitten in der Nacht (die ich wie schon einige vorangegangene schlaflos zubrachte) wurde ich von einem ungewöhnlichen Fieber gepackt...[40] In dieser Situation, in der er nicht nur von außen, sondern auch von innen bedrängt wird, versucht Comenius, sich seine Trauer vom Herzen zu schreiben: *Und ich griff zur Feder und begann, meine vorangegangenen Bedrängnisse (für mich selbst, wenn die Schrecken zurückkehren sollten, oder für andere Gläubige) aufzuzeichnen...*[41]

Immer wieder wird der Zusammenhang zwischen der Biographie und dem Schreiben und Denken des Comenius deutlich. Niemals aber ist dieser Zusammenhang so mit Händen zu greifen und so packend wie in den Büchern dieser Zeit, die sich unter der Bezeichnung «Trostschriften»[42] zusammenfassen lassen. Zu *Über das Verwaistsein*, dem ersten Werk, schreibt Comenius: *Als mir durch den Tod die Lebensgefährtin entrissen wurde (1622) und bald danach der erstgeborene Sohn der Pest erlag, entstand mir die Gelegenheit, mit Über das Verwaistsein nachzudenken zum Trost für mich und die damals zahlreichen Witwen, Waisen und ihrer Kirche beraubten Hirten.*[43]

Die drei wichtigsten Trostschriften entstehen zwischen 1623 und 1625 und tragen die Titel: *Trauern über Trauern – Trost über Trost, Das Labyrinth der Welt und das Paradies des Herzens* und *Das Zentrum der Sicherheit.*

Die Spannung zwischen den beiden Seelen in der eigenen Brust, zwischen der Verzweiflung und dem Versuch, Trost und Kraft zu finden, prägen am deutlichsten das ergreifende Werk *Trauern über Trauern – Trost über Trost* (*Truchlivý*).[44] Sein erster Teil entstand im Jahre 1623. Er ist, wie die anderen Teile auch, in Dialogform gehalten. Die beiden Seiten der Seele, das Emotionale und das Rationale, werden nach außen projiziert und als *der Betrübte* und *der Verstand* personifiziert. *Der Betrübte* beginnt das Werk mit einer erschütternden Klage über die durchlebte Not und Verzweiflung, die an Hiobs Klage und Anklage erinnert: *Ach weh über weh, was soll man auf dieser elenden und betrübten Welt anfangen? Wo soll man sich hinwenden? Was soll man für sich nehmen? Ach, wo ist Hilfe? Wo ist Rat? Ach, wäre es möglich, daß man hinter das Meer fliegen oder in ein Grab sich verstecken könnte! Ach, wenn doch der Tod käme und machte diesen Trübsal, Jammer und Elend dermaleinst ein Ende!*[45] Auf die Klage folgt die Gegenposition, der Ruf der Vernunft und des Glaubens: *Zuerst sprach die zerknirschte Seele mit dem eigenen Verstand, der sie mit verschiedenem Trost zu beleben suchte... Dann kam der Glaube zu Hilfe, fügte heilende Umschläge aus der Bibel bei, aber auch das tat wenig Wirkung.*[46] Man könnte beinahe sagen, daß Comenius mit sich selbst nicht nur seelsorgerlich, sondern auch «therapeutisch» umgeht, in aufrichtiger Zwiesprache mit dem eigenen Herzen. Charakteristisch für die Ehrlichkeit gegenüber seinen Gefühlen, aber auch für seine Frömmigkeit ist, daß sich Comenius weder mit Vernunftgründen noch mit frommen Bibelsprüchen begnügt, sondern nur mit einer lebendigen Beziehung. *Zuletzt kam Christus* und gab *der Seele endlich volle Ruhe, Trost und Freude zurück*[47]. Diese Depression ist nicht die letzte geblieben im Leben des Comenius. *Im folgenden Jahr (1624) kehrte (bei sich verschlimmernden Übelständen) der Lebensüberdruß des Geistes zurück, und damals entstand der zweite Teil des genannten Buches, der wiederum neue Kämpfe mit der Verzweiflung beschrieb und den Sieg, zu dem Christus verhalf.*[48] Ein dritter und vierter Teil wurden dem Buch *Trauern über Trauern* 1651 und 1660 hinzugefügt, in einer Zeit, in der er mit dem Schmerz über den Untergang der Brüderkirche fertig werden mußte.

Das Labyrinth der Welt und das Paradies des Herzens (*Labyrint světa a ráj srdce*)[49], gegen Ende des Jahres 1623 vollendet, ist ein Werk von hoher poetischer Qualität, ein «Meisterstück in der Böhmischen Sprache»[50]. In dichterischer Form will es das Wesen der gegenwärtigen Welt ergründen und darstellen. Das Ergebnis, zu dem Comenius in seiner Analyse durchdringt, hat er der Schrift in Form eines Zitats aus dem biblischen Buch Prediger vorangestellt: *Ich sah an alles Tun, das unter der Sonne geschiehet; und siehe, es war alles eitel und Jammer.*[51] Den Gedanken der Vergeblichkeit versucht Comenius mit dem Bild des Labyrinths darzustellen. Damit nimmt er eine Metapher auf, die schon seit dem frühen 16. Jahrhundert zur Beschreibung der rätselhaften Undurchschaubarkeit der Welt sowie ihrer verwirrenden Vieldeutigkeit gebraucht wurde, etwa bei Johann Jacob Christoph von Grimmelshausen (1622–76), einem jüngeren Zeitgenossen des Comenius. Im Vorwort an den Leser erklärt Comenius, daß dieses Werk *keine Dichtung* ist, *wiewohl es die Form einer Dichtung hat... Denn ich habe hier zum größten Teile Vorfälle geschildert, die sich in meinem nicht allzu langen Leben schon ereignet haben oder anderen zugestoßen sind, oder auch solche, von denen ich durch andere Kunde erhalten habe.*[52] Der ganzen Schrift ist anzumerken, daß hier nicht lebens- und erfahrungsfern spekuliert und phantasiert wird.

Ein Pilger bricht auf zu einer Fahrt durch die Welt. Auf dieser Reise führen ihn zwei Begleiter: Die *Verblendung* oder *das alteingewurzelte Vorurteil, das den Trugbildern der Welt den Schein der Wahrheit leiht*[53], und die *Neugierde* oder der *Allwisser*, der vorwitzig, ja aberwitzig *alles durchstöbert* und überall dabei sein will. Comenius übt eine doppelte Zeitkritik: Wie Francis Bacon und andere Vertreter der neuen Zeit bekämpft er die bloße Traditionsgläubigkeit, die Vorurteile, und fordert, die Welt einer genauen, vorurteilsfreien Betrachtung und Erforschung zu unterziehen. Dies ist das Motto der beginnenden Neuzeit und der kommenden Aufklärung. In diesem Punkt ist Comenius ganz Vertreter der neuen Zeit. Seine Größe aber besteht darin, daß er sich dem neuen Denken nicht kritiklos verschreibt, sondern die jetzt entstehenden Gefahren mit erstaunlichem Scharfsinn erkennt. Löst sich der Mensch aus den traditionellen Bindungen und versucht er, durch vorurteilsfreie Untersu-

Labyrynt Swěta
a
Lusthauz Srdce.
to gest,
Swětlé Wymalo-
wánj/kterak w tom Swětě, a wěcech
geho wssechněch, nic nenj než Matenj a Mo-
tánj, Kolotánj a Lopotowánj, Mámenj a Ssal-
ba, Bjda a Tesknost/ a naposledy Omrzenj wsseho
a zauffánj: Ale kdož doma w srdcy swém sedě, s ge-
dinym Pánem Bohem se vzawjrá / ten sám k
prawému a plnému mysli vpoko-
genj a radosti se při-
cházý.

I Liber in lucem rigidi secure Catonis,
I Labyrinthæis currere docte viis.
Cumq; ibis curresq; viis, dic: Optime Lector
Ex me Supremum non nisi disce Bonum.
M. G. C.

Eccles. 1. 14.
Widěl sem wssecky skutky kteréž se dějí pod sluncem/a ay wssecko gest Marnost a trápenj ducha.

Léta Krystowa M. DC. XXXI.

chung der Welt die Wahrheit zu finden, besteht die Gefahr, daß er sich auf seiner Suche den Dingen ausliefert, daß er in seiner Neugier meint, alles wissen zu können und wissen zu müssen. Das hier verwendete Wort weist auf einen Menschentyp, der alles Wissen an sich reißen und als festen Besitz haben will. Comenius beschäftigt somit eine doppelte Frage-

Johann Amos Comenius: Labyrint světa a ráj srdce; Titelblatt der Ausgabe von 1631 und Zeichnung des Labyrinths von der Hand des Comenius aus dem Manuskript des Werks

stellung: Wie man die Welt in ihrem wahren Wesen erkennen kann, ohne sich als Mensch an die Dinge zu verlieren.

Zu Beginn überblickt der Pilger von einem Turm aus die ganze Welt, die in Form einer Stadt dargestellt ist. *Die Gassen*, die er sieht, *sind die verschiedenen Stände, Orden und Berufszweige, denen sich die Menschen zuwenden*. Zu unterscheiden sind *sechs Hauptstraßen*: der *Ehestand*, der *Gewerbe-* und der *Gelehrtenstand*, der *geistliche Stand*, der *Stand der Obrigkeiten* und der *Ritterstand, dessen Aufgabe der Krieg ist.*[54] Comenius bildet in seiner Dichtung die Sozialstruktur der damaligen Zeit, die Ständegesellschaft, ab. Überall aber zeigt sich die *Verblendung und Torheit der Welt*. Die Menschen haben *Schweinsrüssel, Eselsohren* und *Wolfsklauen... Die meisten aber ähnelten Affen*, so daß der Pilger bei ihrem Anblick erschrocken ausruft: *Das sind ja lauter Mißgeburten, die ich da sehe.*[55] Ironisch kommentiert Comenius: *Das also ist das edle Menschengeschlecht, das sind die herrlichen, mit Vernunft und Unsterblichkeit begabten Wesen.* Da *kannst du erkennen, wie die Menschen das Bild ihres unendlichen Schöpfers und die Gottähnlichkeit in ihrem Herzen tragen; da erblickst du wie in einem Spiegel die Würde deines eigenen Geschlechtes.*[56] Die Kritik bleibt nicht auf der allgemeinen Ebene, sondern wird an Hand der einzelnen Stände und Berufe konkretisiert. Der Obrigkeit etwa ist anzulasten, daß *überall die größte Unordnung herrschte, wiewohl sich alle Fürsten Hüter der Ordnung nannten*. Denn *diejenigen, welche sich Beschützer der Gesetze nannten, waren ebensooft, vielleicht noch öfter, die Beschützer der Ungesetzlichkeit.*[57] Beim Soldatenstand sieht man Trink- und Eßgelage, Feste, Tanz und Lustigkeit. Doch ist dies, als ob *Schweine für die Schlachtbank gemästet* würden. Denn nach den Schlachten sieht der Pilger, *wie man viele mit abgehauenen Händen, Füßen, Köpfen, Nasen, zerschossenem Körper, zerfetzter Haut und blutbesudelt vom Schlachtfeld brachte.* Andere mußten dort ihr Leben lassen. Entsetzt stellt der Pilger fest, daß es doch *des Menschen unwürdig* ist, *sich füttern zu lassen, um bald darauf zur Schlachtbank abgeführt zu werden.*[58] Im Leben der Soldaten verdichtet sich das Los der Menschen im allgemeinen: Auf ein sinnloses Leben folgen Krankheit und Tod. Nach diesen enttäuschenden Erfahrungen mit der Welt versucht der Pilger, sich *in eine Wüste zurückzuziehen oder, wenn möglich, am liebsten die Welt für immer zu verlassen*[59]. Doch er hört eine Stimme, die ihm zuruft: *Kehre um... Kehre dahin zurück, von wo du ausgegangen bist, in deines Herzens Kämmerlein, und schließe hinter dir die Türe zu.*[60] Und er folgt diesem Rat. Auf die große Reise in die Welt folgt nun der Rückzug in die Innerlichkeit, der zweite Teil der Schrift, *das Paradies des Herzens*.

Während das *Labyrinth* die Welt in bildhaft-erzählerischer Weise untersucht und darstellt, ist die dritte große Trostschrift, das 1625 vollendete *Zentrum der Sicherheit* (*Centrum Securitatis*)[61], ein theoretisches, philosophisches Werk, die Theorie zu der voraufgegangenen Parabel. Immer deutlicher zeigt sich dabei, daß die comenianischen Gedanken um die drei Pole Gott, Mensch und Natur kreisen.

Um das gesamte Sein darzustellen, greift Comenius das im Neuplatonismus, in der jüdischen Kabbala und in der christlichen Mystik, etwa bei Jakob Böhme (1575–1624), beheimatete Bild vom Weltenrad auf. Im

Mittelpunkt des Weltenrades steht als sein Zentrum Gott. Die Dinge der Welt sind auf Strahlen oder Speichen angeordnet und kreisen unterschiedlich schnell, entsprechend ihrem Abstand vom Zentrum, um dieses. Von diesem Bild aus gewinnt Comenius zwei grundsätzliche Bestim mungen: *Also hat auch ein jedes Geschöpf zweierlei Zentrum: Erstlich, ein allgemeines, das ist Gott, der Schöpfer und Erhalter aller Dinge: zum andern, sein eigenes, welches ist seine Art und Natur, welche ihm Gott zugeeignet hat.*[62] Der Begriff des Zentrums meint bei Comenius somit sowohl statisch eine Position als auch dynamisch eine Relation. Der Mensch, der zwischen dem innen ruhenden Gott und den außen kreisenden Geschöpfen angesiedelt ist, soll gemäß der doppelten Bestimmung den ihm bestimmten Platz einnehmen und zugleich die richtige Beziehung zu Gott aufnehmen. Zwei Verirrungen bringen den Menschen dazu, diese doppelte Bestimmung zu verfehlen, die *Bezogenheit auf das eigene Selbst* und das *Abschweifen zu den Kreaturen*, der *Neugierde* im *Labyrinth* vergleichbar. Durch das *Abschweifen zu den Kreaturen* entfernt sich der Mensch von dem ihm zugedachten Platz. Die *Selbstbezogenheit* bewirkt, daß der Mensch zum Weltzentrum, zu Gott, nicht die richtige Beziehung findet: *Es ist aber dieses Eigenheit, wenn der Mensch einen Ekel hat, von Gott und seiner Ordnung sich binden zu lassen, und nur sein eigen sein will, nämlich sein eigener Ratgeber, sein eigener Führer, sein eigener Beschützer, sein selbsteigener Herr, und Summa: sein eigener Gott; und das ist der Anfang alles Übels.*[63]

Die ganze weite Welt ist ein gefährlich Rad,
Das nichts als Unbestand und Unruh in sich hat;
Wer nicht in seinem Gott, als in dem Zentrum, bleibet,
Den schleuderts hin und her, bis er daran zerstäubet.[64]

In diesem gefährlichen Zustand befindet sich der Mensch der Gegenwart. Als Rettung bietet sich nur ein Weg an. Der Mensch muß von der *Selbstbezogenheit* und der *Hingabe an die Kreatur* loskommen und *sich in die Tiefe der göttlichen Barmherzigkeit in Christo hineinlassen.*[65]

In den Trostschriften zeigen sich schon die wesentlichen Grundzüge des comenianischen Denkens. Sein ganzes Leben lang wies Comenius darauf hin, daß Welt und Mensch in ihrer gegenwärtigen Verfassung nicht in Ordnung sind. Diesem verkehrten Wesen von Welt und Mensch stellt er in einem zweiten Schritt stets den idealen, von Gott gewollten Zustand gegenüber. Auf einer dritten Stufe betont Comenius, daß der Mensch in einer doppelten Bewegung aus seinem falschen Zustand herausgehen und sich ins richtige Verhältnis zu Gott, zu sich selbst und zur Welt setzen muß. Eine Entwicklung zeigt sich bei der Frage nach dem Weg, der vom falschen zum richtigen Zustand von Welt und Mensch führt. Hier, in den Frühschriften, verweist Comenius auf den Weg nach innen, auf den mystischen Gedanken der Welt- und Selbstentfremdung, auf die wahre Herzensfrömmigkeit. Später wird ihm die Verbesserung des gesamten Menschen und der ganzen Welt zum zentralen Anliegen, und er entdeckt an diesem Punkt eine pädagogische und politische Aufgabe. Die richtige Erziehung und die rechte Ordnung der politischen und kirchenpolitischen Verhältnisse sollen den Menschen und die Welt in Ordnung bringen. Auch spielen neben dem Glauben die menschliche Vernunft und das menschliche Handeln, welche Comenius in den Frühschriften vor allem kritisch betrachtet, eine immer wichtigere Rolle.

Diese Entwicklung mag auch mit den Verhältnissen zusammenhängen, unter denen Comenius lebte. Sobald sich nach der Zeit der Flucht und Verfolgung die Möglichkeit für eine sinnvolle, konstruktive Tätigkeit bot, versuchte sie Comenius in Praxis und Theorie zu nutzen. So scheint er selbst die Gefahr einer einseitigen Innerlichkeit, die sich in den Frühschriften abzeichnet, mit den Jahren erkannt und überwunden zu haben. Der allmähliche Umschlag von der Weltflucht zur Weltoffenheit läßt sich an einer kurzen Schrift des Comenius aus dem Jahre 1626 verfolgen, die wahrscheinlich als eine Erweiterung des *Zentrums der Sicherheit* gedacht war. Der Titel *Absagung der Welt* (*Renuntiatio mundi*)[66] läßt auf den ersten Blick auf ein Weltfluchtmotiv schließen, zumal Comenius fortfährt: *Absagung der Welt, womit ein... Knecht des Herrn Jesu sich von allen gottlosen und in fleischlichen Lüsten ganz versunkenen Weltkindern absondert.* Am Ende der Schrift aber zeigt Comenius seine doppelte Argumentation. Die Absage an ein weltliches Verhalten schließt ein neues Verhalten in der Welt und ein neues Verhältnis zur Welt ein: *Und also hast du, der du ein wahrer Christ sein willst, deutliche Kennzeichen, wie du dich in der Welt verhalten sollst: was die Welt nicht liebet, was sie verachtet, dem sie sich widersetzet, das ist Gott lieb, dazu hilft er, und das regieret und richtet er zu seiner Ehre...*[67] Verlassen wird also nicht die Welt überhaupt, sondern nur die falsche Welt, die Scheinwelt, die gottlose Welt, gemäß Jesu Wort an seine Jünger: «Ihr seid in der Welt, aber nicht von der Welt.»

Comenius konnte das durchdachte und geschlossene Werk *Zentrum der Sicherheit* nicht zuletzt deswegen vollenden, weil sich seine persönlichen Verhältnisse sowie die allgemeine politische Lage im Jahre 1624 günstig entwickelten.

Am 3. September heiratete er zum zweitenmal. Dorothea Cyrillová, die Tochter Jan Cyrills, des Bischofs der Brüder, wurde seine Frau. Zwei Jahre darauf wurde dem Paar die älteste Tochter Dorothea Christina geboren, 1628 dann die zweite Tochter Elisabeth.

Auch die politischen Ereignisse dieser Zeit schienen eine für die Protestanten günstige Wendung zu nehmen. Dänemark, Schweden und England interessierten sich mehr und mehr für die Auseinandersetzungen in Deutschland sowie für den Krieg der Niederlande gegen Spanien. Ein neues Bündnis der Protestanten begann sich anzubahnen. In Zusammen-

Christoph Kotter

hang mit diesen Entwicklungen tauchten in Deutschland an vielen Orten Prophezeiungen auf, die eine nahe Wende verkündeten. Der Löwe von Mitternacht, der Retter aus dem Norden, sollte sie herbeiführen. Der Gerber Christoph Kotter aus Görlitz (gest. 1647) wurde Anfang der zwanziger Jahre mit solchen und ähnlichen Prophezeiungen berühmt. In Deutschland kursierten Münzen, die Gustav II. Adolf (1594–1632), den schwedischen König, auf der einen und den Löwen von Mitternacht auf der anderen Seite zeigten. Comenius begann, den Prophezeiungen Glauben zu schenken. Er, der ursprünglich die Auffassung vertrat, die Offenbarung sei mit der Bibel abgeschlossen, setzte sein Vertrauen nun mehr und mehr auf das Reden des Geistes Gottes in den Sehern der Gegenwart, ein Glaube, der seit dieser Zeit im Leben des Comenius eine außerordentlich wichtige Rolle spielte. Mit Kotter verband ihn bald eine langjährige Freundschaft, ebenso mit einer jungen Seherin namens Christina Poniatowska (1610–44), die er später in sein Haus aufnahm.

Die hochgespannten politischen Erwartungen schienen sich im folgenden Jahr 1625 zu erfüllen. Zwischen England, Dänemark, den Niederlanden und einigen protestantischen Reichsfürsten kam ein Bündnis zustande. Damit begann der zweite Teil des Dreißigjährigen Kriegs, der zwischen Dänemark auf der einen und der Katholischen Liga sowie einem

Christina Poniatowska

von Albrecht von Wallenstein (1583–1634) dem Kaiser zur Verfügung gestellten Heer auf der anderen Seite geführt wurde.

Comenius unternahm in dieser Zeit einige ausgedehnte Reisen, die ihn 1626 nach Berlin und nach Holland führten, wo seine *Neue Landkarte Mährens* in Amsterdam im folgenden Jahr gedruckt wurde. Auf dieser Karte erschien zum erstenmal die lateinische Fassung des Namens Komenský: Comenius.

Nach seiner Rückkehr auf Schloß Brandeis hatte sich die politische Lage grundlegend verändert und stand jetzt in krassem Gegensatz zu den prophetischen Verheißungen. Das Jahr 1626 brachte eine entscheidende dänische Niederlage und den Vorstoß der katholischen Restauration nach Norddeutschland. Die zweite Phase des Dreißigjährigen Kriegs, der sogenannte Dänisch-Niedersächsische Krieg, fand 1629 wiederum mit einem Sieg der Katholiken ein Ende.

Auch in Böhmen und Mähren hatte sich die Lage der Protestanten endgültig zum Schlechten gewendet. 1627 verkündete Kaiser Ferdinand II. eine neue Staatsverfassung, die «Verneuerte Landesordnung» für Böhmen, im folgenden Jahr eine ähnliche Verfassung für Mähren. Damit wurde der Verlust der ständischen und religiösen Freiheiten festgeschrieben. Das Haus Habsburg erhielt unbegrenzte Machtbefugnisse, die Re-

HISTORIÆ
PERSECUTIONUM
ECCLESIÆ BOHEMICÆ,
Jam inde à primordiis converſionis ſuæ ad Chriſtianiſmum, hoc eſt, Anno 894. ad Annum uſque 1632. Ferdinando ſecundo Auſtriaco regnante,

IN QUA

Inaudita hactenus Arcana Politica, conſilia, artes, præſentium bellorum veræ cauſæ & judicia horrenda exhibentur.

Nunc primum edita cum duplici INDICE.

ANNO DOMINI.
CIↃ IↃC XLVIII.

1648

Johann Amos Comenius: Historia persecutionem ecclesiae bohemicae, 1648

katholisierung des Landes war bald vollendet. Comenius kannte die Not der Menschen, die gegen ihren Willen konvertieren mußten und nicht selten aus Verzweiflung über ihren Verrat Selbstmord begingen. Er sammelte in dieser Zeit, zusammen mit einem Freund, authentische Berichte über die Lage der Protestanten und nannte das entstehende Werk *Geschichte der Verfolgung der Böhmischen Kirche* (*Historia persecutionem ecclesiae bohemicae*). Dann versuchte er, für die Reste der Unität, die ihrem Glauben treu geblieben waren, eine neue Heimat im Exil zu finden. Auf seiner Suche kam Comenius nach Lissa (Leszno) in Polen. Dort bestand schon seit Mitte des 16. Jahrhunderts eine Gemeinde von Brüdern. Die Stadt war bereit, weitere Mitglieder der Unität aufzunehmen. Nach der Rückkehr des Comenius bereiteten die Brüder ihre Auswanderung vor.

Alle Menschen alles zu lehren (1628–1632)

Im Februar 1628, in einem äußerst kalten Winter, kommt Comenius' Familie zusammen mit etwa tausend Vertriebenen, sogenannten Exulanten, in Lissa an. Durch den Zuzug erfährt die Stadt einen neuen Aufschwung, den Comenius anschaulich beschreibt: *So geschah es, daß Lissa um viele Straßen vergrößert wurde und zu einer sehr ansehnlichen Stadt erwuchs; es hatte drei Plätze, vier Gotteshäuser, ein berühmtes Gymnasium, mehr als zwanzig Straßen, tausendsechshundert Häuser, gegen zweitausend eingeschriebene Bürger und viel Volk ohne Bürgerrecht.* Man hatte die Mittel, *die Stadt mit Wall und Graben zu umgeben, Tore mit Mauern und schönen Türmen zu setzen und mitten auf dem Platz der Altstadt ein sehr ansehnliches Rathaus zu errichten, das seinesgleichen außer in Posen kaum in ganz Großpolen hatte. Kurzum, so herrlich war hier Bürgertugend, Gewerbe, Handel (denn alles konnte hier gekauft und verkauft werden) und Religion emporgeblüht, daß diese Stadt an wunderbarer Anmut alle Städte Polens hinter sich ließ.*[68]

Lissa

Die nächsten dreizehn Jahre, vielleicht die gedanklich und literarisch fruchtbarsten seines Lebens, wird der knapp 36 Jahre alte Comenius hier in Lissa verbringen (1628–41), zwei weitere Aufenthalte in der Stadt schließen sich später an (1648–50 und 1654–56).

Comenius wird an der Schule in Lissa Lehrer, wie es scheint mehr aus Pflicht als aus Neigung: *Um die Schwierigkeiten des Exils zu bewältigen, sah ich mich zur Schultätigkeit gezwungen.*[69] Vielleicht ärgerte ihn besonders, daß man ihn, den studierten Theologen und erfahrenen Pädagogen, zu Beginn am Gymnasium nicht eigentlich als Lehrer, sondern nur als Lehrergehilfen einsetzte. Er muß den Unterricht der kleinen Kinder übernehmen. Acht Jahre später, 1636, wird er Rektor der Schule. Seine Tätigkeit beschränkt sich jedoch nicht auf das Unterrichten. Vielmehr wirkt er auch als Pfarrer und Prediger. 1632 wählen ihn die Brüder zu einem ihrer Senioren. Als Senior-Schreiber erhält er zudem die Aufgabe, die wichtigsten schriftlichen Arbeiten für die Unität zu erledigen.

Aus seinem Privatleben in dieser Zeit ist wenig bekannt. In seinem Haushalt leben zwei eigene Töchter, die Seherin Christina Poniatowska und der Knabe Peter Figulus Jablonský (1619 – 70), Sohn eines befreundeten Predigers, den Comenius in sein Haus aufnahm und selbst erzieht.

Schon auf seinen Reisen hatte Comenius von den Versuchen des württembergischen Theologen Johann Valentin Andreae (1586–1654) zur

Johann Valentin Andreae

Gründung einer christlichen Gesellschaft gehört. Jetzt, zu Beginn seiner Tätigkeit in Lissa, nimmt er Verbindung mit ihm auf und bittet um Aufnahme in den Geheimbund.[70] Obwohl der briefliche Kontakt beider Männer nie sehr intensiv wurde, hat Comenius den sechs Jahre älteren Andreae hoch geschätzt. Dankbar nennt er ihn einen seiner wichtigsten geistigen Väter. Verbunden sind beide in ihrer Hinwendung zu den Realien bei gleichzeitigem Festhalten an einem bibelbezogenen Glauben und in dem Versuch, ein umfassendes theologisch-philosophisches System zu begründen und zu dessen Verbreitung die Pädagogik zu benützen. Ein wichtiger Unterschied besteht aber darin, daß die «Theosophie» Andreaes nur für Eingeweihte bestimmt ist und damit eine elitäre Grundstruktur aufweist, während sich die *Pansophie* des Comenius stets an alle Menschen wendet. Daher steht bei Andreae die Veränderung des einzelnen Menschen im Vordergrund, während Comenius sein Augenmerk zunehmend auf die Verbesserung der ganzen Welt richtet.

Später in der Lissaer Zeit nimmt Comenius auch mit anderen Geistesgrößen briefliche Verbindung auf, unter anderem mit dem Dichter Martin Opitz (1597–1639), den er im Jahre 1639 als Gast empfing.

In den ersten Jahren in Lissa arbeitet Comenius Tag und Nacht, nicht nur praktisch, sondern auch wissenschaftlich, er leidet häufig an Erschöpfung und Schlaflosigkeit und wird doch zu ständiger Arbeit weitergetrieben. Ihn trägt die Hoffnung auf die Wiederherstellung der Freiheiten Böhmens und Mährens und der Kirche der Brüder. Diese Utopie, welche Comenius mit der Bezeichnung *Das böhmische* bzw. *tschechische Paradies* oder *Das Paradies der wiedererstehenden Kirche* faßt, ist die große, anspornende Idee dieser Jahre. So kann er sich um Neujahr 1630 in einem Brief in überschwenglichem Ton äußern: *Täglich steigen wunderbare Gedanken auf, und alle scheinen die Erneuerung des Paradieses zu versprechen und zu beweisen. Es ist mir, als hätte ich nur die Hand nach dem goldenen Zeitalter auszustrecken, welches die Seher voraussahen ...*[71] Comenius hält an dieser Hoffnung auch gegen die Realität fest. Denn die politische Lage ist Ende der zwanziger Jahre für die Protestanten alles andere als erfreulich. Die Machtentfaltung Habsburgs und Roms gelangt in den Jahren 1628 und 1629 auf einen Höhepunkt. Gespräche zwischen Christian IV. von Dänemark (1577–1648) und Gustav II. Adolf von Schweden, die auf ein neues protestantisches Bündnis zielen, scheitern im Winter 1629. Comenius aber ist der Überzeugung, mit den theologischen und pädagogischen Schriften, die er in jenen Jahren verfaßt, seinen Teil zur Erneuerung des *böhmischen Paradieses* beizutragen.

Im theologischen Bereich arbeitet er an einer Bibelkonkordanz, einer Evangelienharmonie, einer Predigtsammlung und an der Frage, ob die Unität ihre Selbständigkeit wiedererlangen könne. Die wichtigste theologische Frage, die ihn beschäftigt, ist aber die nach der Wahrheit von Prophezeiungen, vor allem derjenigen der Poniatowska. In der Schrift *Über wahre und falsche Propheten* (*De veris ac falsis prophetis*) versucht er, ihre Weissagungen, die den Sieg des Protestantismus und die Wiederherstellung der Unität verheißen, gegen die Angriffe besonders von lutherischer Seite zu verteidigen.

In unmittelbarem Zusammenhang mit dem utopischen Projekt einer Wiederherstellung des *böhmischen Paradieses* stehen auch die pädagogischen Bemühungen von Comenius. *Als aber dann das Feuer des Krieges auch auf die Nachbarreiche und hierauf auf ganz Europa übergriff und alles in der Christenheit in einer Verwüstung zu enden drohte, hatte ich keinen größeren Trost als den der alten Zusagen Gottes vom Licht am Ende der Zeit, das zuletzt die Finsternis überwinden werde. Wenn dazu irgendwelche menschliche Mitarbeit nötig sein sollte, könne dies nichts anderes sein, meinte ich, als daß die jungen Leute über alle Dinge (von den ursprünglichen Grundlagen aus) besser unterrichtet und dadurch aus den Labyrinthen der Welt herausgeführt würden.*[72] Dann könnte durch eine *neue, kunstvolle, weithin schallende Begründung von Schulen... die Kirche und die tschechische politische Verfassung nach ihrer beklagenswerten und schändlichen Verödung wie ein Garten Eden zum Entzücken erblühen*, das *tschechische Paradies* also erstehen.[73] Hier wird der von Comenius immer wieder vertretene Gedanke deutlich ausgesprochen, daß durch die Erziehung Veränderungen in der Politik möglich sind. Die pädagogische Theorie des Comenius in ihrer Gesamtheit hat zwei Begründungen: Sie ist ausgerichtet auf die Erneuerung von Mensch, Kirche und Politik. Zugleich ist sie in der praktischen Lehrertätigkeit begründet, ist theoretische Reflexion auf eine Praxis, in die sich Comenius hineingestellt sah, *nachdem das unglückselige Schicksal der Verbannung mich, von Beruf einen Theologen, zum Dienst der Schule gedrängt hatte, und ich in diesem Dienste nicht bloß oberflächlich, sondern, um der mir übertragenen Stellung voll zu genügen, tätig zu sein wünschte...*[74]. Nach der Prerauer Zeit beginnt nun die zweite pädagogische Phase. Sie ist die fruchtbarste, entstehen in ihr doch einige seiner wichtigsten pädagogischen Schriften, die ihre Wirksamkeit zum Teil bis in die folgenden Jahrhunderte, ja bis zur Gegenwart, behielten: die *Böhmische Didaktik*, das *Informatorium der Mutterschul*, die *Geöffnete Sprachentür* und die *Gesamtschau der Physik*. Die vier Bücher gehören unterschiedlichen Arten von Werken an; die ersten beiden sind pädagogische Werke für die Erziehenden, die anderen Schulbücher für Kinder und Jugendliche. Immer wieder hat Comenius darauf hingewiesen, daß es beides geben müsse: *Realbücher für die Lernenden und didaktische Bücher für die Lehrenden, damit sie jene* erstgenannten *recht anzuwenden verstehen.*[75]

Er beginnt mit der Arbeit an den Büchern für die Lehrenden. Von 1628 bis 1632 verfaßt er eine Didaktik in tschechischer Sprache, die *Böhmische* oder *Tschechische Didaktik* (*Didactica*).[76] Später überarbeitete er sie und

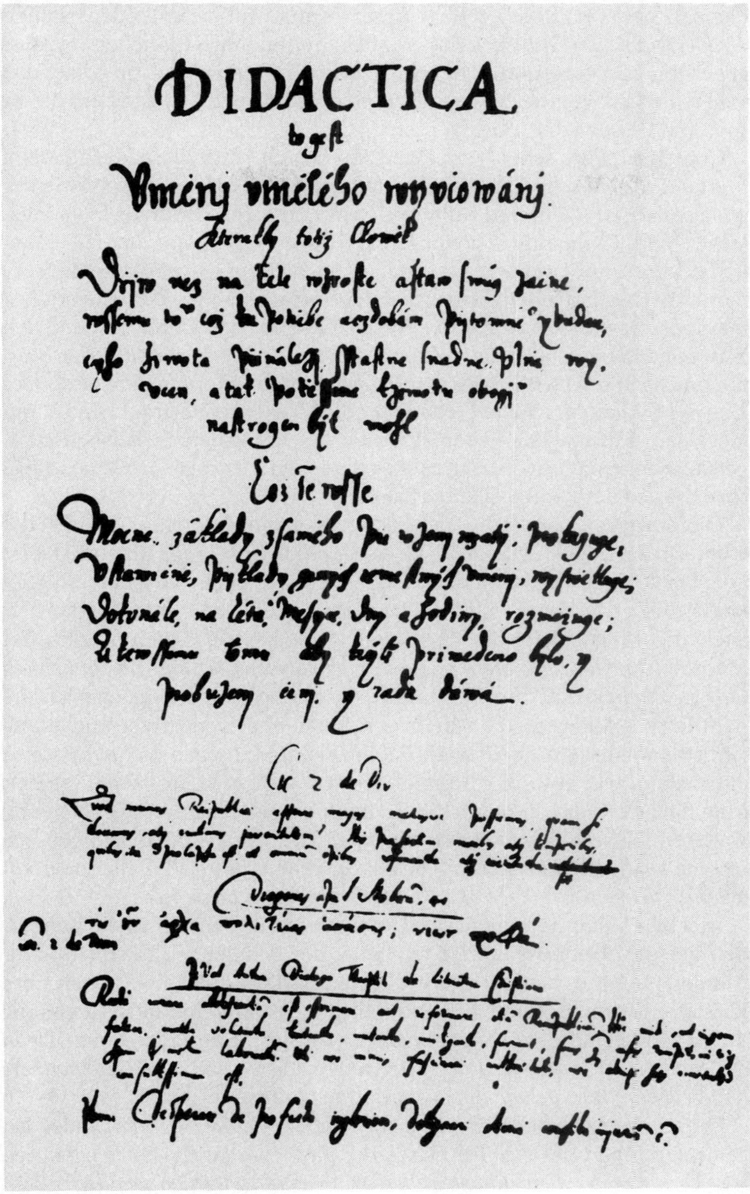
DIDACTICA
to gest
Vmenj vmělého wyvčowánj

Johann Amos Comenius: Manuskript der Titelseite seiner «Tschechischen Didaktik»

übersetzte sie ins Lateinische. In dieser Form wurde sie unter dem Namen *Große Didaktik* (*Didactica magna*) bekannt und in zahlreichen Neuausgaben bis zur Gegenwart immer wieder veröffentlicht.[77] Im folgenden sollen die pädagogischen Grundgedanken des Comenius an Hand dieser späteren Fassung dargelegt werden.

Comenius hatte schon vor seiner Ankunft in Lissa die pädagogischen Werke des spanischen Humanisten Johannes Ludovicus Vives sowie der pädagogischen Reformer Wolfgang Ratke und Elias Bodinus kennengelernt.[78] Was Comenius in seiner Didaktik schreibt, knüpft an die Gedanken der Reformbewegung an, etwa an die Betonung der realkundlichen, naturwissenschaftlichen Fächer und der Naturgemäßheit der Unterrichtsmethode, an die Bedeutung der Anschauung für den Unterricht und den Zusammenhang von Sache und Sprache, an die Wertschätzung der Muttersprache und schließlich an den Hinweis auf die Frömmigkeit als letztes Ziel der Erziehung. Viele Gedanken, die Comenius vorträgt, sind somit nicht neu. Entscheidend aber ist, daß er die unterschiedlichen Strömungen zusammenfaßt und daraus ein System baut, das erste große geschlossene System der Pädagogik überhaupt.

Das hochgesteckte Ziel seiner Pädagogik nennt Comenius schon in der Überschrift: *Große Didaktik. Die vollständige Kunst, alle Menschen alles zu lehren.*[79] In weitausholenden Gedankenbewegungen begründet er im ersten Teil, der allgemeinen Pädagogik, sowohl die Notwendigkeit als auch die Möglichkeit der Erziehung. Möglich ist Erziehung, da der Mensch *von Natur aus die Anlage... zu gelehrter Bildung, zur Sittlichkeit und zur Religiosität*[80] in sich trägt. Notwendig aber ist sie, da sich die natürlichen Anlagen, die durch den Sündenfall verdorben und durch Christus wiederhergestellt sind, im einzelnen Menschen nicht von selbst entwickeln, wie etwa das Beispiel der verwahrlosten Wolfskinder zeigt. Man muß sie vielmehr durch die Erziehung erst wieder herausbilden und weiterentwickeln. *Es zeigt sich also, daß alle, die als Menschen geboren worden sind, der Unterweisung bedürfen, eben weil sie Menschen sein sollen und nicht wilde Tiere, rohe Bestien oder unbehauene Blöcke.*[81]

In seiner Didaktik wendet sich Comenius ausschließlich an die Lehrenden der institutionalisierten Erziehung, der Schulen. Schulen sind notwendig, weil nur wenige Eltern die Zeit und die Fähigkeit haben, ihre Kinder selbst zu unterrichten, und weil eine gemeinschaftliche Erziehung durch Gruppeneffekte wirkungsvoller ist als die Einzelerziehung: *Denn die Früchte der Arbeit und der Eifer sind größer, wenn man durch andere angeregt wird und sich an ihnen ein Beispiel nimmt.*[82]

Die schon erwähnte Forderung, *alle Menschen alles zu lehren*, bildet den zentralen Inhalt der *Großen Didaktik*: *Nicht nur die Kinder der Reichen und Vornehmen sollen zum Schulbesuch angehalten werden, sondern alle in gleicher Weise, Adlige und Nichtadlige, Reiche und Arme, Knaben und Mädchen aus allen Städten, Flecken, Dörfern und Gehöften.*[83] Zur Be-

Titelkupfer der «Didactica opera omnia» des Comenius, 1657

gründung dieser Aussage dient die Schöpfungstheologie. Alle Menschen sind von Gott erschaffen und als sein Ebenbild gestaltet. Um die Radikalität seiner Forderung nach Bildung für alle Menschen zu unterstreichen, führt Comenius nachdrücklich aus, daß auch die Benachteiligten, die sozial Schwachen, die weniger Begabten und die Mädchen in den Genuß einer ausreichenden Schulbildung kommen sollen. *Dem widerspricht nicht, daß manche Menschen von Natur aus träge und dumm erscheinen. Gerade das empfiehlt und fordert eine solche Wartung der Geister nur noch mehr. Denn je träger und schwächlicher einer von Natur aus ist, um so mehr bedarf er der Hilfe, um von seiner schwerfälligen Stumpfheit und Dummheit so weit wie möglich befreit zu werden. Und man findet keine so unglückliche Geistesanlage, daß sie durch Pflege nicht verbessert werden könnte.*[84] *Auch ließe sich keine ausreichende Begründung dafür geben – um das im besonderen zu erwähnen –, das schwächere Geschlecht von den Studien der Weisheit, weder von den in lateinischer noch von den in der Muttersprache vermittelten, insgesamt auszuschließen. Denn sie sind in gleicher Weise Gottes Ebenbilder, in gleicher Weise der Gnade und des Reiches künftiger Zeiten teilhaftig, in gleicher Weise, ja oft mehr als unser Geschlecht mit einem lebhaften und für die Weisheit empfänglichen Geiste begabt; ihnen steht gleichermaßen der Zugang zu Höchstem offen, denn Gott selbst hat sie oft herangezogen zur Herrschaft über Völker, zu heilsamer Beratung von Königen und Fürsten, zur Heilkunde und zu anderen der Menschheit heilsamen Zwecken, auch zum prophetischen Amte und zur Ermahnung von Priestern und Bischöfen. Warum sollten wir sie zum ABC zulassen und von den Büchern hernach fortjagen?*[85] Comenius ist sich wohl bewußt, daß solche radikalen Forderungen nach Chancengleichheit auf Widerstand stoßen und die Frage gestellt wird: *Wohin soll das führen, wenn Handwerker, Bauern, Lastträger und schließlich gar Weibsbilder Gelehrte werden?*[86] Im Hinblick auf die Frauen scheint ihm vor seiner eigenen Radikalität Angst zu werden, wenn er hinzufügt, daß die Frauen vor allem auf den Gebieten Unterricht erhalten sollen, die *zu beherrschen ihnen ansteht, sei es zur rechten Bestellung des Haushalts, sei es zur Sorge für das eigene Heil und für das des Gatten, der Kinder und des ganzen Hauses*[87]. Die Lateinschule soll denn auch – entgegen seiner ursprünglichen Aussage – *hauptsächlich Jünglinge vervollkommnen*[88].

Die Schüler – und dies ist die zweite zentrale Forderung – sollen in der Schule alles lernen. *Das ist jedoch nicht so zu verstehen, daß wir von allen die Kenntnisse aller Wissenschaften und Künste (und gar eine genaue und tiefe Kenntnis) verlangten. Das ist weder an sich nützlich noch bei der Kürze unsres Lebens irgend jemandem überhaupt möglich... Aber über Grundlagen, Ursachen und Zwecke der wichtigsten Tatsachen und Ereignisse müssen alle belehrt werden...*[89] Comenius zielt nicht auf Alleswisserei, sondern auf das Verstehen des Sinnzusammenhangs der Welt. Für die Schule kommt er zu einem Kanon mit folgenden fünf Fachbereichen:

Das Motto des Comenius: «Alles fließe von selbst. Gewalt sei ferne den Dingen»

Wissenschaften, Künste, Sprachen, Sittenlehre und, am bedeutendsten, die Frömmigkeit.

Äußerst heftig kritisiert Comenius die bisherige Schule. Sie wende *harte Methoden* an, würde dadurch zum *Kinderschreck* und zur *Geistesfolter* und bringe keine lebenstüchtigen, gebildeten und frommen Menschen hervor. Die Schulen müssen deshalb reformiert werden. Die neue Schule soll eine naturgemäße Methode vertreten. Comenius meint damit, daß die Pädagogik sich an den Vorgängen der Natur orientieren muß. Zahllos sind die Beispiele aus der Natur, aus denen er pädagogische Regeln ableitet, etwa die, daß die Pädagogik gewaltfrei vorgehen soll, denn *das Wasser muß man nicht zwingen, einen Abhang hinunter zu fließen*[90]. Comenius war davon überzeugt, daß die Beispiele aus der Natur für die Formulierung von pädagogischen Regeln zwingende, nahezu mathematische Beweiskraft besitzen. Vor allem in seiner *Didaktik* hat er diese sogenannte synkritische (vergleichende) Methode intensiv angewandt.

Das Prinzip der Naturgemäßheit führt zur Forderung nach der Einheitlichkeit der Methode, die in den einzelnen Fächern nur ihre Erscheinungsform ändert. Die von Comenius in ihrer Bedeutung hervorgehobenen naturkundlichen, realwissenschaftlichen Fächer sollen vom Prinzip der Anschauung geleitet sein. *Die Menschen müssen so viel wie möglich ihre Weisheit nicht aus Büchern schöpfen, sondern aus Himmel und Erde, aus Eichen und Buchen, d. h. sie müssen die Dinge selbst kennen und erforschen und nicht nur fremde Beobachtungen und Zeugnisse darüber... Daher die goldene Regel für alle Lehrenden: Alles soll wo immer möglich den Sinnen vorgeführt werden, was sichtbar dem Gesicht, was hörbar dem Gehör, was riechbar dem Geruch, was schmeckbar dem Geschmack, was fühlbar dem Tastsinn.* Denn *wenn ich nur einmal Zucker gekostet, einmal ein Kamel gesehen, einmal den Gesang der Nachtigall gehört habe... so haftet all das fest in meinem Gedächtnis und kann mir nicht wieder entfallen.*[91] Der Sprachunterricht baut auf dieser Sachkenntnis durch Anschauung auf. *Das Studium der Sprachen muß parallel zu dem der Sachen fortschreiten, besonders in der Jugend, damit wir sachlich ebensoviel verstehen wie sprachlich ausdrücken lernen. Wir bilden Menschen und nicht Papageien...*[92] Für die Künste gilt das Prinzip der Selbsttätigkeit. *Tätigkeit soll durch Tätigkeit erlernt werden.*[93] Zusammenfassend beschreibt eine in späteren Schriften weiter ausgeformte Bildlehre bzw. Bildungstheorie die Aufgabe der Sinne, des Verstandes, der Zunge und der Hand. *Wissen heißt, etwas nachbilden können, sei es mit dem Verstand, der Hand oder der Sprache. Denn alles entsteht durch Nachbilden oder Abbilden, das heißt durch das Schaffen von Abbildern oder Bildnissen der wirklichen Dinge. Wenn ich nämlich ein Ding mit Hilfe der Sinne auffasse, drückt sich sein Abbild dem Gehirn ein. Wenn ich ein ähnliches Ding hervorbringe, drücke ich sein Abbild dem Stoff ein. Sobald ich aber das, was ich denke oder schaffe, mit Hilfe der Sprache benenne, drücke ich sein Abbild der Luft ein und vermittels der Luft dem Ohr, dem Gehirn und dem Verstand eines anderen.*[94] Damit die Menschen an diesem Prozeß des Abbildens und Nachbildens, also am Bildungsprozeß, teilhaben können, müssen ihre Sinne, die Verstandestätigkeit bzw. das Verständnis, das Gedächtnis sowie die Sprachfähigkeit und die manuelle Tätigkeit geschult werden. Die *Bildung des ganzen Menschen* ist Aufgabe des Unterrichts.

Das erste Ziel dieser Erziehung ist, daß die Menschen ihr Leben der göttlichen Bestimmung gemäß führen. Das irdische Leben aber *ist nur eine Vorbereitung auf das ewige Leben*[95], das zweite und letzte Ziel der Bildung. Erziehung richtet sich so bei Comenius vor allem auf rechte Frömmigkeit.

Die Idee der Naturgemäßheit führt Comenius zu einem weiteren grundlegenden pädagogischen Prinzip, der Berücksichtigung des Entwicklungsstandes der Schüler und Schülerinnen. *Aller Lehrstoff muß den Altersstufen gemäß so verteilt werden, daß nichts zu lernen aufgegeben wird, was das jeweilige Fassungsvermögen übersteigt.*[96] Innerhalb der Schule soll deshalb die nach Jahrgängen gestufte Klasseneinteilung herrschen, zur Zeit des Comenius keine Selbstverständlichkeit. In einer Klasse können dabei von einem Lehrer hundert Schüler unterrichtet werden. Die grobe Einteilung der Kindheit und Jugend in vier Stufen zu jeweils sechs Jahren führt zu einem viergliedrigen Schulsystem: *I. Die Schule der Kindheit sei: der Mutterschoß. II. Die des Knabenalters: die Grund- oder öffentliche Muttersprachschule. III. Die der Jünglingszeit: die Lateinschule oder das Gymnasium. IV. Die des beginnenden Mannesalters: Universität und Reisen.*[97] Den eigentlichen Inhalt der *Großen Didaktik* bilden die Phasen II und III, die Schulzeit im engeren Sinn.

Die *Große Didaktik* fand nicht nur Anerkennung, sondern auch Ablehnung. Kritisiert wurde insbesondere die synkritische Methode, die ausführliche theologische und anthropologische Einleitung oder, genau umgekehrt, die Konzentrierung auf didaktische Regeln und die mangelnde Begründung in einer umfassenden Philosophie. An der philosophischen Grundlage seiner Gedanken weiterzuarbeiten wird zum wichtigsten Anliegen des Comenius in der zweiten Phase seines Aufenthalts in Lissa.

Zwischen 1629 und 1632 verfaßt Comenius eine zweite Schrift für Erzieher, diesmal eine für Laienerzieherinnen, das *Informatorium der Mutterschul* (*Informatorium školy mateřské*).[98] *Informatorium der Mutterschul, das ist ein richtiger und augenscheinlicher Bericht, wie fromme Eltern teils selbst, teils durch ihre Ammen, Kinderwärterin und andere Mitgehilfen ihr allerteuerstes Kleinod, die Kinder, in den ersten sechs Jahren, ehe sie den Präzeptoren übergeben werden, recht vernünftiglich, Gott zu Ehren, ihnen selbst zu Trost, den Kindern aber zur Seligkeit auferziehen und üben sollen.*[99] Mit dieser Schrift, einer Ausarbeitung des im 28. Kapitel der *Großen Didaktik* entworfenen Plans der *Mutterschule*, verfaßt Comenius die erste größere eigenständige Abhandlung über die Erziehung im Vorschulalter überhaupt.

In einem ersten, allgemeinen Teil macht er sich Gedanken über die Bedeutung des Kindseins und der Kindererziehung. Immer wieder weist er auf den Wert der Kinder hin, die *ein teures Kleinod* sind, so daß *den Eltern die Kinder über Silber, Gold, Perlen, Edelgestein lieber und angenehmer sein sollen…*[100]. Wie schon in der *Großen Didaktik* betont, ist eine bewußt geplante Erziehung der Kinder nötig. *Es soll aber niemand denken, daß die Kinder von sich selbst zur Frömmigkeit, Ehrbarkeit und Kunst gelangen mögen ohne fleißige und unnachlässige Mühe und Arbeit, so an sie muß gewendet werden. Denn so ein Bäumlein, wenn es wachsen soll, gepflanzet, begossen, unterstützet, verzäunet, beschnitzelt und sonsten gewartet werden muß… so der Mensch selbst sich äußerlicher Arbeit gewöhnen muß, wenn er essen, trinken, gehen, reden, etwas in die Hand nehmen lernet, wie sollte es immer möglich sein, daß diese höheren Sachen, nämlich Glauben, Tugend, freie Künste ohne Übung erlangt werden könnten? Lauter unmögliche Sachen sind das, daß jemand solches von sich sel-*

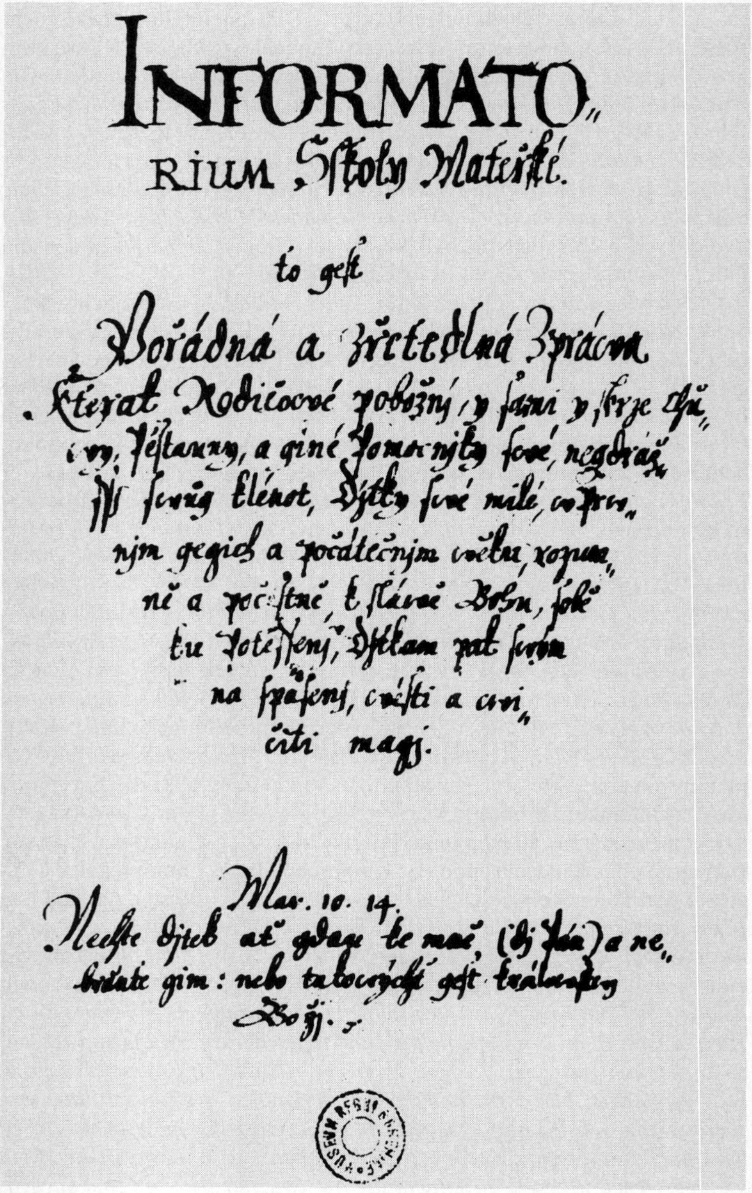

INFORMATORIUM Sskoly Mateřské.

to gest

Pořádná a zřetedlná Zpráwa
Kterak Rodičowé pobožnj, y sami y skrze chůwy, Pěstaunny, a giné Domácnjky swé, negdražssj swůg klénot, Djtky swé milé, w prwnjm gegich a počátečnjm wěku, rozumně a počestně k slávě Boha, sobě ku potěssenj, Djtkám pak swým na spasenj, wésti a cwičiti magj.

Mar. 10. 14.
Nechte djtek ať gdau ke mně, (djj Pán) a nebraňte gim: nebo takowých gest králowstwj Božj.

Johann Amos Comenius: Manuskript der Titelseite des «Informatorium školy mateřské»

ber lernen könne...[101] Dennoch hat die absichtliche, intentionale Erziehung für Comenius auch Grenzen, die sich vor allem darin zeigen, daß das Kind besser als durch die Erwachsenen durch das Leben selbst und durch den Umgang mit Gleichaltrigen lernt: *Darum zweifele niemand, daß ein Kind dem andern seinen Verstand mehr schärfen kann, als sonst jemand.*[102]

Im zweiten, speziellen Teil macht Comenius Vorschläge für eine fromme und vernünftige Erziehung der Kinder und geht dabei auf die unterschiedlichsten Bereiche ein, auf die Gesundheitspflege, die Schulung des Verstandes, der manuellen Tätigkeit, der sprachlichen Fähigkeit, der Sitten und der Frömmigkeit. In jedem einzelnen Bereich nennt Comenius genaue Lernziele, die zu erreichen sind, damit das Kind nach Ablauf der ersten sechs Jahre als schulreif angesehen werden kann. *Das Tun betreffend werden etliche Dinge* mit den Händen verrichtet, etwa *allerlei äußerliche Handarbeit... Eines Handwerkes Anfang ist, können etwas schneiden, schaben, zubinden, aufbinden, zusammenlegen etc., wie der Kinder Brauch ist.*[103] Besonders liegt ihm das Eingehen der Eltern auf die körperlichen und seelischen Bedürfnisse der kleinen Kinder am Herzen, damit es ihnen an Leib und Seele gutgeht. *Und daß ich's kurz sage: Was man merken kann, was dem Kinde lieb und angenehm ist, ihm solches nicht weigert, sondern ihm eine solche anmutige Kurzweil verschafft, die seinen Augen, Ohren und anderen Sinnen lieb ist; das hilft zur Gesundheit des Leibes und Gemütes...*[104] Das *Informatorium der Mutterschul* wurde 1633 in einer deutschen Übersetzung in Lissa zum erstenmal gedruckt. Es ist das einzige Werk, mit dem Comenius in vollem Umfang zufrieden war.

Johann Amos Comenius: Orbis sensualium pictus, Nürnberg 1658, S. 276

Johann Amos Comenius: Vestibulum rerum et linguarum. Titelkupfer der holländischen Ausgabe, Amsterdam 1673

Mit der Arbeit an der *Böhmischen Didaktik* nimmt Comenius auch die Aufgabe in Angriff, Schulbücher für die Muttersprach- und für die Lateinschule zu verfassen. Von 1628 bis 1630 arbeitete er an dem leider nicht erhaltenen sechsbändigen Werk *Grundriß der Muttersprachschule* (*Schola vernaculae delineatio*).[105] Jeder Teilband war für eine Klassenstufe bestimmt und folgte der in der *Didaktik* geschilderten Methode, in den verschiedenen Altersstufen nicht Verschiedenes, sondern das Gleiche in unterschiedlicher, dem jeweiligen Entwicklungsstand angepaßter Form zu lehren.[106]

Für die Lateinschule entwarf Comenius zu Beginn der dreißiger Jahre ein Werk für den sprachlichen und eines für den realkundlichen, naturwissenschaftlichen Unterricht: *Die geöffnete Sprachentür* und die *Gesamtschau der Physik*.

Während in der Schulpraxis noch weithin die alte Methode praktiziert wurde, den Schülern im Sprachunterricht Texte und Regeln zu diktieren und sie diese ohne weitere Verständnishilfe einfach auswendig lernen zu lassen, baut die comenianische Sprachpädagogik auf einer genauen sachlichen Kenntnis dessen, was sprachlich gelernt werden soll, auf. So beginnt *Die geöffnete Sprachentür* (*Janua linguarum reserata*)[107] mit den Worten: *Sei gegrüßt, Freund, Leser dieses Buches. Wenn du fragst, was gelehrt sein heißt, laß dir antworten: die Unterschiede der Dinge kennen und jedes einzelne mit seinem Namen bezeichnen können.*[108] Als warmherziger Pädagoge versucht Comenius, den Lernenden die Angst vor dem Neuen zu nehmen. *Scheinen den Kindern die geschriebenen Buchstaben auf den ersten Blick nicht lauter Ungeheuer zu sein? Aber sobald sie ein wenig Mühe aufbringen, merken sie, daß es Spiel und Spaß ist.*[109] Dann nimmt er sie im Geist auf einen Spaziergang mit, der von Gott über die Natur, den Menschen, die geistige und moralische Welt bis wieder hin zu Gott führt. Auf diesem Gang durch die Welt lernen die Kinder die Dinge und ihre Bezeichnungen kennen.

Im Jahre 1631 wird die *Sprachentür* in Lateinisch gedruckt. Zahlreiche weitere Ausgaben und Übersetzungen in europäische und außereuropäische Sprachen folgen. Das Werk macht seinen Verfasser weltbekannt und ist zu seinen Lebzeiten seine verbreitetste und berühmteste Schrift.

Im Laufe der Jahre verfaßte Comenius verschiedene Sprachlehrbücher für die unterschiedlichsten Altersstufen, welche nach dem Vorbild eines antiken Hauses die Namen *Vorhalle* (*Vestibulum*), *Tür* (*Janua*) und *Halle* oder *Saal* (*Atrium*) tragen. Alle Werke arbeitete er mehrfach um.

In der *Gesamtschau der Physik* (*Physicae Synopsis*)[110] hat Comenius seine enzyklopädischen Bemühungen im Bereich der «Realien», der Naturerforschung, fortgeführt und die naturwissenschaftlichen Anschauungen seiner Zeit gesammelt, systematisiert, aufgeschrieben und seinen Schülern vorgetragen. Mit der Kenntnis der Natur verbindet er aber nicht nur ein naturwissenschaftliches, sondern auch ein pädagogisches Anlie-

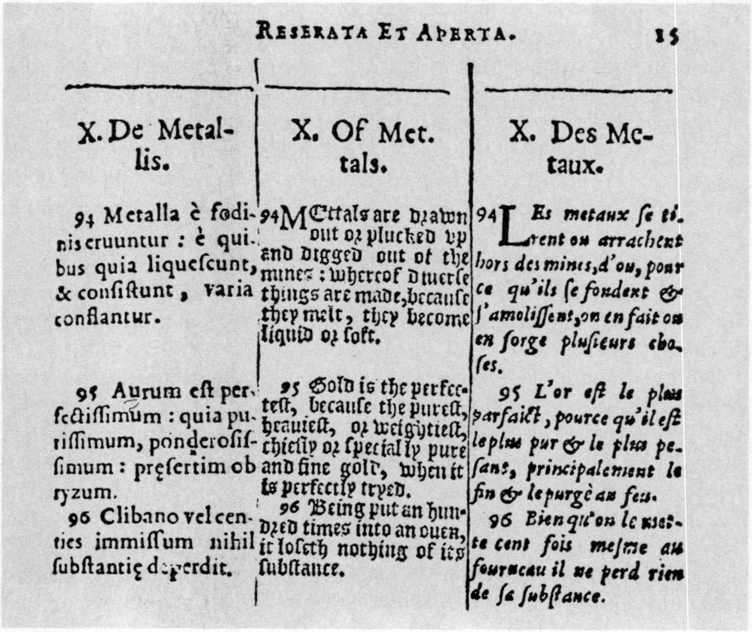

RESERATA ET APERTA. 15

X. De Metallis.	X. Of Metals.	X. Des Metaux.
94 Metalla è fodinis eruuntur: è quibus quia liquescunt, & consistunt, varia conflantur.	94 Mettals are drawn out or plucked up and digged out of the mines: whereof diuerse things are made, because they melt, they become liquid or soft.	94 Les metaux se tirent ou arrachent hors des mines, d'ou, pour ce qu'ils se fondent & s'amolissent, on en fait ou en forge plusieurs choses.
95 Aurum est perfectissimum: quia purissimum, ponderosissimum: presertim ob ryzum.	95 Gold is the perfectest, because the purest, heauiest, or weightiest, chiefly or specially pure and fine gold, when it is perfectly tryed.	95 L'or est le plus parfaict, pource qu'il est le plus pur & le plus pesant, principalement le fin & le purgé au feu.
96 Clibano vel centies immissum nihil substantię deperdit.	96 Being put an hundred times into an ouen, it loseth nothing of its substance.	96 Bien qu'on le mette cent fois mesme au fourneau il ne perd rien de sa substance.

Johann Amos Comenius: Porta linguarum trilinguis reserata, eine der Janua-Ausgaben des Jahres 1631; Beispiel einer dreisprachigen Textseite

gen. Denn an der Erkundung der Natur läßt sich das emanzipatorische Interesse, das hinter der comenianischen Pädagogik steht, in besonderer Weise deutlich machen. Auf diesem Gebiet kann jeder selbst nachprüfen, ob das, was gelernt werden soll, wirklich wahr ist. *Niemand soll gezwungen werden, auf des Lehrers Worte zu schwören, sondern die Dinge selbst sollen seine Einsicht binden; und nicht mehr Glaube soll dem Lehrer geschenkt werden, als er sachlich nachgewiesen hat, wie weit man ihm glauben müsse.*[111]

In die Zeit des Abschlusses der wichtigsten pädagogischen Werke fallen politische Veränderungen, welche dem Leben des Comenius eine völlig neue Richtung geben. Im Jahre 1630 bahnt sich eine geschichtliche Wende an, als der schwedische König Gustav II. Adolf beschließt, sich in die politischen und religiösen Auseinandersetzungen in Deutschland unmittelbar einzumischen. Damit beginnt die dritte Phase des Dreißigjährigen Kriegs, der Schwedische Krieg (1630–35). Von den Protestanten in Deutschland wird Gustav II. Adolf als Befreier willkommen geheißen.

Viele Exulanten schließen sich dem schwedischen König an. Die Jahre 1631 und 1632 bringen die größten Hoffnungen. Wallenstein wurde schon 1630 auf Betreiben der Fürsten abgesetzt, Gustav Adolfs Siegeszug ist nach dem Sieg über die Kaiserlichen bei Breitenfeld (1631) nicht mehr aufzuhalten. Das Heer des mit ihm verbündeten sächsischen Kurfürsten erobert Böhmen und besetzt im November Prag. Die ersehnte Wiederherstellung der Privilegien Böhmens scheint in greifbare Nähe gerückt.

In dieser Situation verfaßt Comenius Schriften, in denen sich theologische Hoffnung, politische Aussagen und pädagogische Forderungen aufs engste miteinander verknüpfen. In den Jahren 1631 und 1632 schreibt er in Dialogform *Die Posaune des Gnadenjahres für die böhmische Nation, die den Traurigen Trost, den Weinenden Freude, den Gefangenen Befreiung, den Zerstreuten ein erneutes Zusammenkommen verkündigt*[112]. Die Gottesposaune verheißt den fragenden, geprüften Gläubigen, daß die Kämpfe durch den Beistand aus dem Norden zum Sieg führen werden. Die Zukunft soll jedoch nicht nur die Wiederherstellung der früheren

Die Schlacht bei Breitenfeld. Kupferstich von M. Merian d. Ä.
aus seinem «Theatrum Europaeum», 1637

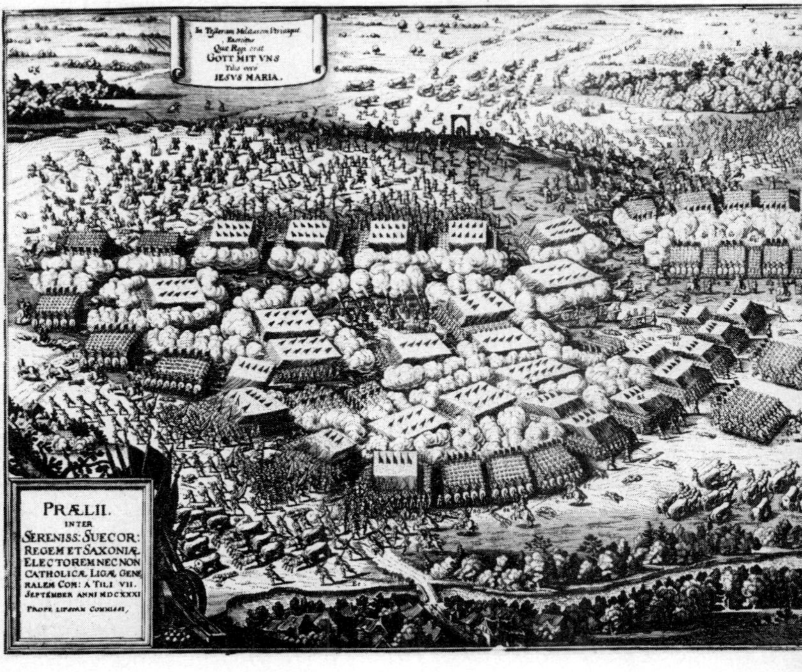

Gustav II. Adolf von Schweden. Zeitgenössischer Kupferstich von Moncornet

Zustände bringen. Vielmehr führt die Dankbarkeit die Gläubigen zu einer wirklichen und grundlegenden Änderung ihres Lebens.

Die Schrift *Der wiederauferstandene Haggai* (*Haggaeus redivius*)[113] aus dem Jahre 1632 zeigt diese Veränderung und Erneuerung für den kirchlichen, staatlichen und sozialen Bereich auf. Zuerst ist, wie der Prophet Haggai des Alten Testaments nach der Heimsuchung Israels mahnt, der *Tempel des Herrn*, das heißt die Unität, wiederherzustellen, in neuer, vollendeter Gestalt, in der ein *klares Licht und Bewußtsein aller Geheimnisse des Gottesreiches* eine *vollkommene Vereinigung und unzertrennliche Verbindung der Herzen* bewirkt.[114] Die Heiligung zeigt sich dabei einerseits in der individuellen Sphäre in einer Veränderung der Herzen, andererseits aber auch im gesellschaftlichen Bereich in einer Erneuerung von Kirche und Staat, welche sich wechselseitig Hilfe leisten sollen. Mit dieser doppelten Sichtweise steht der *Haggai* zwischen einigen der Trostschriften, welche den Akzent auf die individuelle Lebensänderung setzten, und den späteren Hoffnungen des Comenius auf eine umfassende Weltreform. Zugleich erneuert er die Sozialkritik der *Briefe nach dem Himmel*: *Und da die Art dieser Herrschaft früher allzu streng gewesen in diesem Lande, o ihr unsere lieben Herren, verwandelt sie in eine gnädigere, die die Bürden der armen Untertanen erleichtert... Denn derart über ein christliches Volk zu herrschen, wie die Heiden über ihre Sklaven geherrscht haben, und Menschen wie Vieh für Geld kaufen und verkaufen, so daß ein Mensch, der nur ein klein wenig höher gestellt ist, wenn er einen Knecht kauft, über sein Eigentum, seine Kinder und sein Leben herrschen darf, wie er will, und ein Mensch über den anderen, ein Christ über den anderen willkürlich seine Leidenschaft und Grausamkeit ergehen lassen darf – das ist allzu unchristlich... Genug, Israels Fürsten! Legt Unterdrückung und Vernichtung ab, tut Recht und Gerechtigkeit, nehmt eueren schweren Frondienst von meinem Volke ab, sagt der Herr.*[115]

Comenius verfaßt eine schulpolitische und schulorganisatorische Schrift, den *Kurzen Entwurf über die Erneuerung der Schulen im Königreich Böhmen*[116], da er der Ansicht ist, daß die *ruhmvolle Erneuerung und herrliche Blüte der Kirche, des tschechischen Staates und der ganzen Nation... auf der neuen, weisen und rechtschaffenen Begründung von Schulen beruhen* werde.[117] Das Buch hat allerdings keine Wirkung, es wird nicht einmal gedruckt. Von einem großangelegten Werk mit dem Titel *Das Paradies der wiedererstehenden Kirche* (*Paradisus ecclesiae renascentis*), in dem alle pädagogischen Schriften zu einem umfassenden System zusammengefaßt werden sollen, kommt nur die Vorrede zustande.[118]

Nur die Ewigkeit kann unser Denken begrenzen (1632–1641)

Auf das Jahr 1631, das Jahr der größten Hoffnung für die Unität, folgt 1632 die bitterste Enttäuschung. Wallenstein, rehabilitiert und zum kaiserlichen «Generalissimus» ernannt, vertreibt im Frühling die Sachsen aus Prag. Im Mai stirbt der Brüderbischof Jan Cyrill. Im November fällt der schwedische König Gustav II. Adolf bei Lützen, wenig später findet Friedrich V., der böhmische Winterkönig, den Tod. Alle Hoffnungen auf eine Wiederherstellung der böhmischen Freiheiten und der Brüderunität sind dahin.

Jetzt, angesichts der Rückschläge für die protestantische Sache und des drohenden Untergangs der Unität, faßt Comenius im Alter von 40 Jahren einen folgenschweren Entschluß. Er beginnt, seine Werke lateinisch zu verfassen. Diese auf den ersten Blick äußerliche Veränderung ist mit einer radikalen inneren Kehrtwendung verbunden. Der Pfarrer und Lehrer der Unität verläßt den engen Umkreis seiner Kirche und Heimat und wird zum Weltbürger. Im Alter schreibt Comenius im Rückblick auf diesen epochalen Umbruch: *Vor allem aber erkläre ich, daß ich niemals die Absicht gehabt habe, etwas lateinisch zu schreiben, geschweige denn herauszugeben. Schon früh in der Jugend ergriff mich die Sehnsucht, allein für mein Volk in der Muttersprache Bücher zu schreiben und ihm damit zu nützen... demgegenüber haben mich zu anderen Versuchen nur äußere Anlässe bewegt.*[119] Drei Projekte beschäftigen ihn in den folgenden Jahren in starkem Maße: die Übersetzung der *Didaktik* ins Lateinische, der Einsatz für den konfessionellen Frieden in Europa und die Formulierung seiner Gedanken in einem umfassenden philosophischen System.

Die *Didaktik* überarbeitet und übersetzt er zwischen 1633 und 1638, sie wird allerdings erst zwanzig Jahre später als Teil der *Sämtlichen didaktischen Werke* (1657/58) gedruckt.

Die Streitereien zwischen den unterschiedlichen protestantischen Strömungen bilden den Anlaß für seine Gedanken über den Frieden, die er Mitte der dreißiger Jahre in der tschechischen Schrift *Der Weg des Friedens* (*Cesta Pokoje*) zusammenfaßt. Hier gelangt er zu einer grundlegenden Definition des Friedens: *Friede ist und heißt ein solcher Zustand, in welchem der Mensch (oder ein anderes Geschöpf) in lieblicher Ordnung*

Albrecht von Wallenstein. Kupferstich aus: N. Helvicus: Theatrum historiae, Frankfurt a. M. 1641

seine eigenen Dinge frei und sicher und ohne Hindernis seitens anderer genießen kann.[120] Daneben zeigt er den Weg auf, der zum Frieden führt, nämlich Liebe, Glaube und gegenseitiges Verstehen.

Während Comenius in der ersten Zeit in Lissa noch eine recht traditionell geprägte Schrift über die Grundlagen der Philosophie (*Prima Philosophia*)[121] verfaßt hatte, beginnt er nun, ein eigenständiges philosophisches System zu formulieren. Wie in der ersten Zeit in Lissa sucht sich Comenius auch jetzt eine programmatische Bezeichnung für seine wissenschaftliche Arbeit. An die Stelle des *böhmischen Paradieses* tritt *Die christliche allgemeine Weisheitslehre* (*Pansophia christiana*). Die vorläufigen Grundzüge dieser *Allgemeinen Philosophie* oder *Allweisheit* (*Pansophia*) legt Comenius in der zweiten Hälfte der dreißiger Jahre in vier Schriften dar, den *Vorspielen der comenianischen Bestrebungen*, dem *Vorläufer der Pansophie*, der *Beleuchtung der pansophischen Bestrebungen* und der *Ausgestaltung der Pansophie*. Das Bestreben, ein umfassendes philosophisches System zu erarbeiten, ist wie für viele seiner Zeitgenossen auch für Comenius charakteristisch. Er schreibt selbst: *Ich hasse alles Oberflächliche... ich hasse Zerstückeltes, ich hasse ohne Grundlage Aufgebautes, weil ich mir immer alles umfassende Ziele vorhalte...*[122] Den Anstoß, seine philosophischen Gedanken umfassend zu formulieren, erhielt er aber von außen. Seine internationale Bekanntheit trug ihm die Freundschaft einer englischen Gelehrtengruppe ein. Unter diesen befanden sich John Dury (1596–1680), ein Geistlicher aus Schottland, Samuel Hartlib aus Elbing (ca. 1600–62/70) und Joachim Hübner (1611–66), ein junger Freund Hartlibs.[123] 1636 trat Peter Figulus Jablonský, der Pflegesohn von Comenius, in die Dienste Durys, wodurch die Beziehungen zwischen Comenius und seinen englischen Freunden noch enger wurden. 1637 schickte er einen Entwurf seiner Philosophie, die zwischen 1634 und 1636 verfaßten *Vorspiele der comenianischen Bestrebungen* (*Conatuum Comenianorum Praeludia*) an Hartlib. Im folgenden werden die pansophischen Gedanken an Hand der bekannteren, überarbeiteten Fassung, des *Vorläufers der Pansophie* (*Pansophiae Prodromus*)[124], dargestellt.

Mit der *Pansophie* erreicht Comenius eine neue Stufe seines Denkens. Er konzentriert seine enzyklopädischen Bemühungen jetzt weit stärker als bisher auf die Einheit, den Gesamtzusammenhang, der hinter allem Seienden steht. Er ist auf dem Weg zu einer *Gesamterkenntnis der Dinge (Pansophie, d. h. einer vollständigen, alles in sich schließenden und mit sich nach allen Seiten zusammenhängenden Weisheit), daß nichts Deutliches oder Dunkles übrigbleibt, das man nicht weiß (Sap. 7,21), damit nämlich die Seele des Menschen in Wahrheit das werde, was sie werden soll: ein Abbild des allwissenden Gottes*[125]*. Nur die Ewigkeit... kann unser Denken begrenzen; was in der Zeit ist, liegt im Bereich des Denkens...*[126] Die Realität in der zeitgenössischen Philosophie und Wissenschaft sieht aber nach der Analyse des Comenius ganz anders aus. An Stelle eines umfassenden, einheitlichen Systems, das Comenius erstrebt, gibt es eine Unmenge ungeordneter Einzelerkenntnisse und eine Vielfalt unterschiedlicher Auffassungen. *Der ganze wissenschaftliche Bereich ist voll von Meinungsverschiedenheiten, Widersprüchen und Streitigkeiten.*[127] Die Ursache für diesen Mißstand sieht Comenius in erster Linie in der Trennung der Bereiche des menschlichen Forschens. *Für sich singen die Metaphysiker ihr Liedchen, sich selber klatschen die Physiker Beifall, für sich führen die Astronomen ihre Tänze auf, für sich setzen die Ethiker ihre Gesetze fest, für sich erdenken die Politiker ihre Grundlagen, für sich triumphieren die Mathematiker, für sich herrschen die Theologen.*[128] Gesucht werden muß ein einheitliches Prinzip, welches die auseinanderstrebenden Wissensgebiete zusammenfaßt und zusammenhält. Eine erste Systematisierung liefert das bei Comenius schon früher angelegte dreiteilige Weltbild. *Drei Dinge sind es, die unser menschliches Wissen, ja geradezu ein gewisses Allwissen ausmachen: die Erkenntnis Gottes, der Natur und der Kunst.*[129] Dann faßt Comenius in einer von neuplatonischen Vorstel-

IOANNIS AMOS COMENII,
V. cl.
PANSOPHIÆ
PRODROMVS,
Et
Conatuum Pansophicorum
DILVCIDATIO.
accedunt
DIDACTICA DISSRTATIO
de
SERMONIS LATINI STUDIO
perfecte absolvendo,
ALIAQVE EIVSDEM.

IM MO TA TA LI TA TI

...i Batavorum
...DIS LOPEZ de HARO,
... C XLIV.

Johann Amos Comenius: Pansophiae Prodromus, Leyden 1644

lungen geprägten zweiten Reduktion die drei Wissensgebiete noch einmal zusammen. Wenn man den Dingen auf den Grund geht, sie an der Wurzel faßt, dann führen sie alle zu Gott als Ursprung und Bildner des gesamten Kosmos. *Indem also Gott die Welt bildet, schafft er sein eigenes Bild, so daß die Schöpfung die vollkommene Entsprechung des Schöpfers ist.*[130] Die letzten Ursachen der drei Bereiche sind dieselben, weil die Dinge *in Gott wie in einem Urbild sind, in der Natur wie in einem Prägestempel, in der Kunst wie in einem Abdruck*[131]. Diese Entsprechung des Seienden in den drei Bereichen beschreibt Comenius im Bild des Orchesters mit dem Begriff der *Harmonie* bzw. der *Allharmonie*: *Daher ist die Grundlage sowohl der Erschaffung wie auch der Erkenntnis aller Dinge die Harmonie. Harmonie nennen die Musiker den angenehmen Zusammenklang vieler Stimmen. Solcher Art aber ist der in allem harmonierende Zusammenklang der ewigen Tugenden in Gott, der erschaffenen Tugenden in der Natur, der ausgedrückten Tugenden in der Kunst*...[132] Comenius antwortet damit auf das Zerbrechen des alten, einheitlichen Weltbildes und auf die Unübersichtlichkeit der neuen Erkenntnisse mit einem neuen, einheitlichen System, das von der Parallelität und dem harmonischen Zusammenklang aller Wissensgebiete ausgeht. Die Aufsplitterung des Wissens und der Wissenschaften führt in die Irre. *Denn wenn jeder nur auf sich und seine Gedankenwelt achtet, wird ein Mißklang ebenso wenig vermieden, wie wenn in einem Chor von Musikern jeder für sich spielen wollte und die Beachtung der gemeinsamen Weise hintansetzte.*[133] Alle müssen vielmehr nach dem gemeinsamen Seins- und Erkenntnisprinzip, das heißt nach Gott als dem letzten Urgrund fragen, so wie *die Musiker mit bloßer Berücksichtigung des sogenannten Generalbasses alle Melodien so spielen können, daß keine Disharmonie entstehen kann, mag auch das Konzert aus hundert Stimmen bestehen*...[134]. Damit der Orchesterklang vollständig wird, sollen alle Gelehrten zur *Pansophie* beitragen: ... *wir wollen, daß man bei der Abfassung eines pansophischen Werkes alle, die über Frömmigkeit, Sitten, Wissenschaften und Künste erklärend geschrieben haben* ... – *daß man, sage ich, sie alle zuläßt und anhört, was sie Gutes bringen.*[135] Zugleich wird die *Pansophie* ein Konzert für alle Menschen sein, für alle ohne Ausnahme, denn *niemand darf ausgeschlossen sein, kein Mann, keine Frau, kein Kind, kein Greis, kein Adliger, kein Plebejer, kein Handwerker, kein Bauer usw. Denn wir sind alle in gleicher Weise Kinder Gottes*...[136]

Hartlib veröffentlichte das Werk ohne Wissen des Comenius im Jahre 1637 in London. Erschrocken schreibt Comenius im Januar 1638 an seinen Freund: *Immanuel! Berühmter Hartlib, geehrter Freund und Bruder in Christo!* ... *Du bittest, ich soll es dir nicht übelnehmen, daß du den Prodromus Pansophiae* (*Vorläufer der Pansophie*) *gedruckt veröffentlicht hast*... *Wirklich mußte ich mich zuerst wundern, daß es ohne mein Wissen geschehen war, ja, sogar gegen meinen Willen. Denn ich hätte nie erlaubt, daß er in dieser Form veröffentlicht werde.*[137] Comenius' unverhohlener Ärger und seine Beunruhigung hatten einen ernsten Hintergrund. In der Unität machte sich ein deutlicher Unmut über ihren Senior breit. Ein polnischer Adliger, einflußreiches Mitglied der Unität, zeigte Comenius bei den anderen Senioren an und warf ihm «Enthusiasmus», «Pelagianismus» und «Sozinianismus» vor, das heißt im Grunde *eine unerhörte Gotteslästerung, welche die göttliche Weisheit mit der menschlichen, den Himmel mit der Erde vermischen will*[138], wie Comenius Hartlib mitteilt. In seinen Schriften wies Comenius ausdrücklich auf die Grenzen seiner *Pansophie* hin. *An der Bezeichnung «Pansophie» möge niemand Anstoß nehmen. Wir wissen, daß als einziger nur der weise Gott pansophos* (wahrhaft weise oder allwissend) *ist... Wir bekennen uns zu einer menschlichen Pansophie, nämlich einem Wissen dessen, was Gott uns wissen läßt, auch mit weisem Nichtwissen dessen, was der größte Lehrmeister uns nicht wissen lassen wollte.*[139] Dieser Hinweis bewahrte ihn nicht vor dem Verdacht der Häresie. Im Herbst 1638 berichtet Comenius in einem Brief an Hartlib von einem förmlichen Verfahren, das die Unität gegen ihn eröffnete: *Eine Sitzung gab es wegen dieser Sache schon gestern... Und weil* einer *Bedenken vorbrachte, es sei gefährlich, mir die Führung der Jugend und der Schule anzuvertrauen, bat ich um Entlassung, erhielt sie aber nicht. Es wurde jedoch beschlossen, sobald als möglich die Vorsteher und Verteidiger der Kirche einzuberufen... und alles von neuem und ernsthaft zu untersuchen. Da siehst du, wie du mich durch die vorschnelle Veröffentlichung der «Vorspiele» in Probleme gestürzt hast und ich mich selbst durch meine voreilige Mitteilung davon.*[140] Die Sitzung der leitenden Brüder erbringt einen vorläufigen Freispruch und die Vertagung der Frage auf die nächste Synode der Brüder.

Um sich innerhalb der Unität gegen die Vorwürfe zu wehren und seine *Pansophie* den Mitgliedern der Unität verständlich und annehmbar zu machen, schreibt Comenius wohl um die Jahreswende 1638 auf 1639 die *Beleuchtung der pansophischen Bestrebungen* (*Conatuum Pansophicorum Dilucidatio*)[141]. Hier stellt er seine *Pansophie* als einen siebenteiligen Tempel der Weisheit dar. Auf die *Vorhalle* und die *Pforte*, welche die Fundamente der *Pansophie* errichten, folgen im *ersten Vorhof* die Beschreibung der Natur, im *mittleren Vorhof* die der Kunst, im *innersten Vorhof* die des Inneren des Menschen und der Möglichkeit der Versöhnung mit Gott. Im *Allerheiligsten* ist schließlich Gott alles in allem. Der Schlußteil weist auf das Evangelium hin. Comenius versucht, mit dieser Schrift den Nachweis zu führen, daß seine *Pansophie* keine weltliche Philosophie, sondern christliche Theologie ist, keine menschliche Selbstanmaßung, sondern demütiger Hinweis auf Gott. Zum erstenmal findet sich in diesem Werk der siebenteilige Aufbau seiner *Pansophie*, den sie bei ihrer weiteren Ausgestaltung beibehalten wird. Bei der Brüdersynode in Lissa am 20. März 1639, acht Tage vor seinem 47. Geburtstag, legt Comenius das Werk zur Begutachtung vor. Er kann die Senioren überzeugen. Die *Pansophie* wird anerkannt. Comenius erfährt zudem eine persönliche Bestätigung als Rektor, Prediger und Seniorschreiber der Unität. Er ist in vollem Umfang rehabilitiert.

In der Folgezeit überarbeitet er die *Vorspiele* und gibt sie unter dem neuen Namen *Vorläufer der Pansophie* (*Prodromus Pansophiae*) 1639 in London heraus. Unter den Gelehrten findet der *Vorläufer* breite Beachtung und Zustimmung und wird, nach der *Sprachentür*, zum zweiten internationalen Erfolg des Comenius. Viel ungünstiger ist dagegen das Urteil der Fachwelt über die zusammen mit dem *Vorläufer* veröffentlichte *Beleuchtung*. Die Gelehrten zeigen sich verstimmt über die siebenteilige Struktur des comenianischen Weltbildes, über den Mangel an neuen, zündenden Ideen und über die fehlende Wissenschaftlichkeit in der Gestaltung des Werkes. Auch die Idee eines allgemeinen Gelehrtentreffens findet wenig Beachtung. Die deutliche Zurückweisung enttäuschte Comenius sehr und hemmte ihn in der weiteren Ausarbeitung seiner Gedanken. Im Rückblick auf diese Zeit schreibt er: *Durch die Unterschiedlichkeit der Kritiken fühlte ich mich schmerzlich hin- und hergerissen und setzte meine Hoffnung auf ein pansophisches Kolloquium. Es war mir nicht mehr gegeben, nach eigenem Ermessen voranzukommen, solange ich nicht sah, was vor dem Urteil jener zahlreichen Männer, die gelehrter waren als ich, standhalten werde. In meiner Arbeit kam ich nur langsam voran...*[142]

Hinter den Schwierigkeiten, in die Comenius in dieser Zeit geriet, lag ein ernsthaftes Dilemma verborgen: die Spannung der beiden Welten, für die Comenius lebte, arbeitete und schrieb. Auf der einen Seite die theologische, geschlossene Anschauung der Brüder, auf der anderen der weite, philosophische Gedankenkreis der europäischen Gelehrten. Comenius hatte sich mit seinem Entschluß, lateinisch zu schreiben, mit seinen weltbekannten Schulbüchern, seiner Übersetzung der *Großen Didaktik* ins Lateinische und mit der *Pansophie* in Richtung auf die internationale Bühne der Wissenschaft weiterentwickelt, ohne doch seiner theologischen Herkunft untreu werden zu wollen. Nun geriet er zwischen die Fronten. Den Brüdern war seine *Pansophie* zu frei, zu wissenschaftlich, selbstherrlich und untheologisch; übersetzte er seine Gedanken dann aber in einen theologischen Rahmen, zeigten sich die Gelehrten über seine unwissenschaftliche und frömmlerische Art enttäuscht. Trotz dieser grundlegenden Schwierigkeit versuchte er, sowohl der Unität als auch der Welt der Gelehrten und damit sich selbst und der eigenen Entwicklung treu zu bleiben. Die Unität hatte er mit der *Beleuchtung* für sich einnehmen können, nun bringt er mit der zwischen 1639 und 1641 verfaßten Schrift *Ausgestaltung der Pansophie* (*Pansophiae diatyposis*)[143] die theologischen Gedanken in eine philosophische und wissenschaftliche Sprache, um sie so für die Gelehrtenwelt annehmbar zu machen. Die sieben Teile des pansophischen Tempels der Weisheit tragen jetzt wissenschaftliche Namen, sie reichen von den *Vorbereitungen* (*praeparatoria*) über die *Welt der Ideen* (*idealia*), *der Natur* (*naturalia*), *der Kunst* (*artificialia*), *des Geistes* (*spiritualia*) und die *Ewigkeit* (*aeterna*) bis hin zum richtigen *Tun* (*praxis*). Erst im Jahre 1643 erscheint diese Schrift in London in einem Privatdruck für einen Kreis von Freunden und Kritikern. Allein auch sie findet nicht die erhoffte Anerkennung.

Ebenfalls in die zweite Hälfte der dreißiger Jahre fällt eine intensive

Sir Francis Bacon.
Kupferstich von L. Lilian
nach einem zeitgenössischen
Gemälde, 1626

Auseinandersetzung des Comenius mit dem Denken Francis Bacons. In einem Buch der praktischen Philosophie, dem *Glücksschmied* (*Faber fortunae*)[144], stellt Comenius dem Ideal Bacons vom politischen Menschen (homo politicus) seine eigene Idee vom pansophischen Menschen (*homo pansophicus*) gegenüber, welcher allumfassend denkt und auch das künftige, himmlische Leben in seine Überlegungen einbezieht.

In ständiger Auseinandersetzung mit Bacon entwickelt Comenius auch seine Erkenntnistheorie. Mit Bacon einig ist er in der Ablehnung der überlieferten Vorurteile und in der Betonung der Sinneswahrnehmung in ihrer Bedeutung für die Gewinnung neuer Erkenntnis. Die Ideen der Dinge *müssen durch eine Art Induktion von den Dingen abstrahiert und als Normen der Dinge aufgestellt werden*[145]. Doch kritisiert Comenius die Ausschließlichkeit der empirischen Sichtweise bei Bacon und relativiert die Bedeutung der Methode oder *Richtlinie* des *hochberühmten Verulam* (Bacon), der *kunstvollen Induktion*, denn sie bringt *für den Bau einer Pansophie zu wenig Hilfe, weil sie bloß auf die Erschließung der Naturge-*

heimnisse gerichtet ist, von uns aber die Gesamtheit der Dinge berücksichtigt wird. Es wird also eine andere, ganz universale Richtlinie notwendig sein...[146] Diese *universale* Methode des Comenius umfaßt einen dreifachen, sich gegenseitig ergänzenden Zugang zur Wahrheit, den mit den Sinnen erfahrbaren, den vernünftigen und den religiösen. *Die Dinge selbst aber können sich den Sinnen nicht anders einprägen, als wie sie sind. Wenn irgendwo ein Sinn versagt, muß die mit einer bestimmten Norm versehene Vernunft in Anwendung kommen, damit es kein Irren gebe. Wo schließlich auch die Vernunft eine Lücke läßt, möge die göttliche Offenbarung zu Hilfe kommen. Diese drei Erkenntnisprinzipien müssen als Grundlage der Pansophie aufgestellt werden...*[147]

Der Aufenthalt in Lissa ist zudem eine Zeit intensiver Auseinandersetzungen mit naturwissenschaftlichen Fragestellungen.[148] Auf diesem Gebiet hat Comenius keine eigenständigen, bahnbrechenden Werke geschaffen. Sein Hauptanliegen war vielmehr, die neuen naturkundlichen Erkenntnisse umfassend darzustellen und breiten Schichten bekannt zu machen. Er hat sich dabei in die unterschiedlichsten Gebiete eingearbeitet. Neben den bereits erwähnten geographischen und physikalischen Bemühungen (*Neue Landkarte Mährens; Gesamtschau der Physik*) sind noch seine physikalisch-chemischen *Untersuchungen über die Natur der Wärme und der Kälte*[149] sowie sein kosmologisches *Kompendium der Kosmographie* zu nennen. Erwährenswert, daß er das kopernikanische Weltbild ablehnte und seine Haltung erst kurz vor seinem Tod änderte. Am meisten lag ihm jedoch das Problem des Perpetuum mobile am Herzen. Seit seiner Hinwendung zur *Pansophie* im Jahre 1632 stellte er auf diesem Gebiet praktische Versuche an, erarbeitete Referate und Abhandlungen über die wunderbare Maschine und erwähnte sie bis zum Ende seines Lebens häufig. Er hatte die Hoffnung, ein solches *Maschinchen*, wie er es bisweilen zärtlich nannte, konstruieren und den Fortschritt der Menschheit durch die mit seiner Hilfe erzielte Arbeitserleichterung vorantreiben zu können. Bedeutende technische Neuerungen führte Comenius oft an und bewertete sie positiv als wichtige Errungenschaften, etwa die Erfindung der Buchdruckerkunst und der Schiffahrt, des Uhrwerks, des Fernrohrs und des Mikroskops. Für seine Vorstellung eines geschichtlichen Fortschritts spielte die Technik eine nicht unerhebliche Rolle. Zudem hat er, wie viele seiner Zeitgenossen, technische Vorgänge als beispielhaft sogar für menschliches Verhalten bezeichnet, etwa für Prozesse im Bereich der Erziehung. Er ist jedoch nie der Gefahr erlegen, die Welt in einem technizistischen Sinn zu sehen. Seine Religiosität und sein Gefühl für die Eigenart des Menschen bewahrten ihn vor einer derartigen Einseitigkeit.

Deiner, liebe Heimat, kann ich nicht vergessen (1641–1656)

England

1640 traten in England das Kurze und noch im selben Jahr das Lange Parlament zusammen. Der niedere Adel forderte eine Dezentralisierung und Laizisierung der Verwaltung. Der Ruf nach verstärkter höherer Bildung wurde laut. Die englischen Freunde des Comenius faßten den Plan, ihn für einen Besuch nach England zu bitten. Sie erwarteten von ihm vor allem Anstöße im Bereich der Erziehung, der Entwicklung eines philosophischen Systems und der Herstellung eines Perpetuum mobile. Nach dem Bericht von Comenius schrieb ihm Hartlib: *Komm komm, komm, Gottes Segen hast du. Berate dich nicht länger mit Fleisch und Blut!*[150]

Mitte August des Jahres 1641 trat Comenius in Danzig die Reise an, zum erstenmal in seinem Leben ging er an Bord eines Schiffs. Was ihn dazu bewog, die Fahrt nach England anzutreten, kann nicht mit Sicherheit gesagt werden. Sicherlich aber lockte ihn die Möglichkeit, mit seinen englischen Freunden zusammenzutreffen und nun doch eine Art Gelehrtentreffen, wenn auch in kleinem Kreis, abzuhalten. Wegen eines Sturms geriet die Fahrt allerdings zum Alptraum, den Comenius in der zweiten Auflage seines *Labyrinthes* von 1663 anschaulich beschreibt. *Der Sturm ging bald mit solcher Kraft, daß unter uns die Fluten tief aufgewühlt und wir auf ihnen hilflos umhergeschleudert wurden und daß Entsetzen uns erfüllte... Das Schiff wird nun zu einem willenlosen Spiel der Wellen, Abgründe tun sich auf und drohen bald uns zu verschlingen, bald speien sie uns wieder aus. Dann wirbelt uns der Wind im Kreise und schleudert hilflos uns umher, so daß das Schiff in allen Fugen krachte, als ob es schon in tausend Trümmer ginge. Da wurde ich ganz starr vor Schrecken und sah den sicheren Untergang vor mir.*[151] Trotz der Todesangst, die Comenius ausstand, wagt er nach der Rückkehr des Schiffs in den Danziger Hafen eine neue, diesmal erfolgreiche Seereise. Im September 1641 landet er in London und trifft sich mit seinen Freunden Hartlib, Dury und Hübner. Sie schlagen ihm vor, er solle seine Gedanken und Pläne dem englischen Parlament vorlegen. Zuerst aber wollen die Freunde eine Gelehrtenvereinigung für die allgemeine Erleuchtung gründen. Das geheime Pro-

gramm dieser Gelehrtenverbindung [152] nennt als Ziel der Gruppe die Verbesserung des Weltzustands durch das Evangelium und den Frieden. Der Weg, den die Freunde zur Erreichung des Ziels beschreiten wollen, soll eine Schulreform, den konfessionellen Frieden in der Kirche und die Entwicklung der *Pansophie* einschließen. Unterschiedliche Auffassungen bestehen hinsichtlich der Frage, inwiefern die Hilfe der Obrigkeit für die Verwirklichung der Reform in Anspruch zu nehmen sei. Die englischen Freunde erwarten staatlichen Schutz und finanzielle Hilfe, Comenius aber plädiert dafür, die Arbeit selbst, aus eigener Kraft zu tun, ohne Hilfe von außen.

Dennoch läßt sich Comenius zum Plan überreden, seine Gedanken dem Parlament vorzutragen. Zu diesem Zweck verfaßt er eine Schrift, in der er seine *Pansophie* in neuer Weise zu fassen sucht, den *Weg des Lichtes* (*Via lucis*) [153], entstanden im Jahre 1642, veröffentlicht erst 1668. Nach der Stagnation Ende der dreißiger Jahre kommt jetzt wieder Bewegung in seine philosophischen Gedanken. Nun versucht er, seine *Pansophie* nicht wie bisher als statisches Ordnungsprinzip der Welt, sondern in einer dynamischen, heilsgeschichtlichen Sichtweise zu fassen. Die geschichtliche Entwicklung der Erkenntnis und Wissenschaft verläuft in Stufen: Die *erste Stufe* war die *Autopsie*, die *Selbstbetrachtung* des Mannes, dem die Frau noch fehlte. Die *zweite* das *wechselseitige Gespräch*, die *dritte* die *Gewohnheit, heilige Zusammenkünfte zu halten*, die *vierte* die *Schrift* und die *öffentlichen Schulen*, die *fünfte* die *Buchdruckerkunst*, die *sechste* die

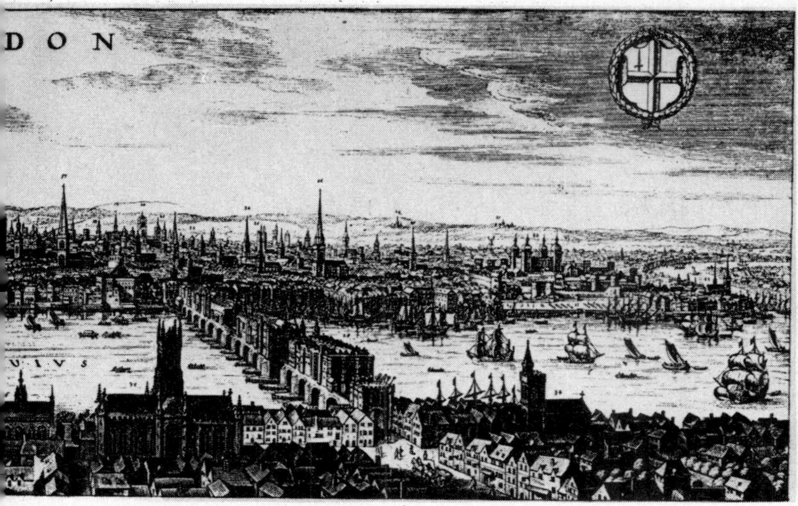

London. Kupferstich aus der ersten Hälfte des 17. Jahrhunderts

Schiffahrt zur Verbreitung des Lichts des Christentums und der Weisheit auf der Erde. Die *siebte* steht jetzt bevor, sie ist eine umfassende Reform der Wissenschaft, Vorbedingung für die Vollendung der Geschichte im himmlischen Leben.[154] Das Höherschreiten in der Erkenntnis bedeutet zugleich eine horizontale Ausdehnung: Während die ursprüngliche Selbstbetrachtung sich nur auf den einzelnen Menschen erstreckte, umfaßt die Wissenschaftsreform die ganze Welt. *Für die Wege des allgemeinen Lichtes sind vier Dinge unbedingt nötig: universale Bücher, allgemeinbildende Schulen, ein allgemeines Kollegium* von Gelehrten *und eine Weltsprache*.[155] Den Vorschlägen hinsichtlich der Bücher und der Schulen, welche Comenius schon in seinen pädagogischen Schriften entwickelte, fügt er zwei neue Themenkreise hinzu. Zum einen sollen verschiedene nationale Gremien von Gelehrten unter einer zentralen, in England angesiedelten Leitung die Reform der Wissenschaft vorantreiben. Zum anderen ist eine sich am Aufbau der Welt orientierende, also streng sachlogische neue Universalsprache zu schaffen, mittels derer sich – wie bisher mit dem Lateinischen – alle gelehrten Menschen verständigen können.

In England ist der neunundvierzigjährige Comenius ein bekannter Mann, eine Rolle, die ihm selbst ein wenig befremdlich erscheint. In einem Brief schreibt er an Freunde in Lissa: *Ich kann aber nicht verstehen, daß sie aus mir einen erhabenen Philosophen und Redner machen, zu dem sie den Blick nicht zu erheben wagen . . .*[156]

René Descartes.
Gemälde von F. Hals

Sein Besuch in England dehnt sich zu einem langen Aufenthalt aus. Hier, auf der internationalen Bühne, scheinen ihm weit bessere Voraussetzungen für die Entwicklung seiner pansophischen Gedanken und seiner Reformpläne gegeben zu sein als im heimischen Lissa. Dennoch scheitern die hochgesteckten Pläne, vor allem wegen des englischen Bürgerkriegs, der 1642 ausbricht, möglicherweise aber auch aus persönlichen Gründen, da seine Frau in einem Brief eine Übersiedlung der Familie nach England ablehnt. Schließlich hat Comenius verschiedene Angebote für weitere Tätigkeiten: eine Einladung nach Schweden, um dort an einer Schulreform mitzuwirken, ein Angebot aus Frankreich, vom Sekretär Kardinal Richelieus (1585–1642) übermittelt, und später einen Ruf des Harvard College in Massachusetts. Eine Zeitlang ist er unentschlossen, was er tun soll, eine Situation, in der er sich unwohl fühlt. *Da ich es jetzt satt habe, mich zwischen so unterschiedlichen Vorschlägen wie in einem Strudel hin- und herwerfen zu lassen, sehne ich mich nach Ruhe.*[157] Ruhe braucht Comenius für die weitere Ausarbeitung seiner *Pansophie. Es gelingt mir am besten, meine Arbeit in aller Stille weiterzuführen, insofern wünschte ich, daß sie nicht ans Licht der Öffentlichkeit gezogen worden wäre...*[158] Im Juni 1642 reist er nach einem etwa neunmonatigen Aufenthalt mit dem Schiff aus England ab.

Holland

Der Weg führt ihn zuerst nach Holland. In Amsterdam besucht er Mitglieder der Großkaufmannsfamilie de Geer, welche die Kontakte zwischen den Schweden und Comenius knüpfte und nun eine Anstellung in schwedischem Auftrag in Aussicht stellt. Auch hier trifft sich Comenius mit zahlreichen Gelehrten, insbesondere mit René Descartes, dem großen Philosophen, der im Schloß Endegeest in größter Zurückgezogenheit lebt und nur selten Besuche empfängt. Den weltberühmten Tommaso Campanella, der ihn besuchen wollte, hatte er abgewiesen, für Comenius aber nimmt er sich vier Stunden Zeit. Das Gespräch der beiden verläuft freundlich, beinahe freundschaftlich. Im Rückblick erinnert sich Comenius: *Freundschaftlich gingen wir auseinander. Ich ermutigte ihn, die Grundlagen seiner Philosophie herauszugeben... ähnlich regte er mich an, meine Werke voranzubringen, unter anderem mit folgendem Ausspruch: «Ich werde über den Bereich der Philosophie nicht hinausgehen; so wird bei mir nur ein Teil dessen sein, was bei dir ein Ganzes ist.»*[159]

Comenius und Descartes sind sich zwar nur dieses eine Mal persönlich begegnet, doch haben sich beide mit den Gedanken des anderen zeitlebens intensiv beschäftigt.[160] Das Verhältnis der beiden Männer zueinander ist ambivalent. Auf der einen Seite interessieren sie sich für die philosophischen Ansätze des anderen, auf der anderen stellen sie die größten Gegensätze und Gegenspieler dar. René Descartes erkannte vor allem die comenianische *Pansophie* an sowie die Idee der Weltsprache, während umgekehrt Comenius die mathematische Denkform und die strenge Beweisführung des Descartes bewunderte. Beide Männer stimmen darin überein, daß die bisherigen Vorurteile überwunden, neue Wege gesucht und die Ergebnisse von Mathematik und Naturwissenschaft als Wegweiser zu Hilfe genommen werden müssen. Der grundlegende Unterschied zwischen beiden ist jedoch der, daß Descartes sein System ausschließlich von der Vernunft her konstruiert, während Comenius neben der Vernunft des Zeugnis der menschlichen Sinne und der göttlichen Offenbarung für die Erkenntnisgewinnung für unentbehrlich hält. Comenius hat die Einseitigkeit des Denkens bei Descartes treffsicher durchschaut und in zahlreichen Schriften analysiert, etwa in der nicht erhaltenen *Widerlegung des Kopernicus und Descartes*. Gegen Ende seines Lebens mischt er sich in einen Streit zwischen die Cartesianer und deren Gegner[161], verteidigt die Grundanliegen des Descartes, kritisiert aber seine einseitig am menschlichen Verstand orientierte Philosophie («Ich denke, darum bin ich») mit dem Hinweis, daß der Mensch auch Mensch ist, wenn er nicht denkt, sondern etwa träumt (*Ich träume, darum bin ich*). Descartes lasse außer acht, daß der Mensch eine vollständige Person ist, die nicht nur denken, sondern auch handeln muß. Bei Descartes sei der Mensch Descartes nicht zu erkennen. Eine noch schärfere Kritik als an Descartes übt Comenius an den Cartesianern, die seiner Meinung nach vergessen, daß ihr Lehrer den Wert der göttlichen Offenbarung zwar nicht philosophisch reflektierte, aber doch persönlich anerkannte. Bei ihnen zerfalle die Einheit von Gott, Welt und Mensch und die innere Einheit des Menschen in seinem Gott-, Selbst- und Weltbezug endgültig. So kommt Comenius am Ende seines Lebens zu einem vernichtenden Urteil über den Cartesianismus. Er sei der *Krebsschaden der Philosophie*[162].

Elbing

Über Bremen, Hamburg und Lübeck gelangt Comenius im August 1642 nach Schweden. Dort trifft er mit der knapp sechzehnjährigen Königin Christine (1626–89) und mit dem Kanzler Graf Axel Oxenstierna (1583–1654), der die Regierungsgeschäfte führt, zusammen. Ihm wird angeboten, in schwedischen Diensten und mit der finanziellen Unterstützung Louis de Geers (1587–1652) Schulbücher und pädagogische Werke für eine Reform der Lateinschule auszuarbeiten. Comenius zögert. Im Vordergrund seiner Interessen steht die *Pansophie*, nicht die Pädagogik. Die Freunde, insbesondere Hartlib, raten ab. Comenius läßt sich schließlich doch auf das Angebot ein. Sicherlich trug zu seinem Entschluß neben dem finanziellen Aspekt auch seine ambivalente Einstellung zur Pädagogik bei, die er nie als seine Hauptaufgabe sah, die ihn aber immer wieder aufs neue reizte. Ein Brief aus dem Jahre 1643 bestätigt eindrücklich diese Einstellung zu seiner pädagogischen Arbeit: *Ich bekenne, ich habe oft bereut, daß ich versprochen habe, diese Sache auszuarbeiten, anstatt meine ganze Zeit für das Studium der Dinge der Natur zu nützen. Es verdrießt mich sehr, mich mit den Worten abzumühen, diese Wortklauberei, wie ich selbst ironisch zu sagen pflege. Aber was soll ich tun? Die Erwartungen unter der Leserschaft sind eine Tatsache. Sie müssen befriedigt werden. Ich hoffe aber, daß es viele Zeugen dafür geben wird, daß all diese Stunden nicht umsonst aufgewendet wurden, nämlich alle, die mit dem größten Vergnügen das Ergebnis jener Plackerei verschlingen, durch welches (– wie ich fest glaube –) alle, welche die lateinische Sprache lehren oder lernen, von jeglicher Plackerei ganz automatisch und vollständig befreit werden können.*[163] Mit der Entscheidung, das schwedische Angebot anzunehmen, beginnt eine neue pädagogische Phase im Leben des Comenius, nach den Perioden in Prerau und Lissa die dritte, die sich aber im Unterschied zu den früheren nahezu ausschließlich auf die theoretische Arbeit beschränkt.

Comenius zieht noch im Jahre 1642 im Alter von 50 Jahren mit seiner ganzen Familie, seiner Frau und den beiden Töchtern Dorothea Christina und Elisabeth, in die von den Schweden besetzte preußische

Königin Christine von Schweden. Gemälde von S. Bourdon, 1653

Stadt Elbing. 1643 kommt eine weitere Tochter, Susanna, zur Familie hinzu, drei Jahre später der Sohn Daniel (1646–94). Unverzüglich macht sich Comenius in Elbing an die Arbeit und versucht, seine ganze Kraft auf die neue Aufgabe zu konzentrieren. An seine Bekannten und Freunde schickt er im Dezember 1642 Briefe mit der Bitte, in Ruhe gelassen zu werden: *Um möglichst viel Zeit für meine Arbeiten zu haben, nehme ich mir vor, ab jetzt auf das Schreiben von Briefen an Freunde sowie auf Briefe von ihnen zu verzichten. Nachdem vorher leider schon acht Jahre mit Überlegungen vergeudet wurden und dann ein ganzes Jahr mit Reisen im Ausland, ist jetzt die Zeit gekommen zu handeln, nicht zu überlegen. Nun ist es mit dem Abschweifen genug. Jetzt ist der Wendepunkt da. Ich möchte mit den Freunden (– auch mit euch, wenn ihr einverstanden seid –) ein Jahr des Schweigens vereinbaren, damit sie mich nicht mit neuen Ratschlägen verwirren noch nach meinen Werken fragen. Denn nun bin ich endlich frei, meine in fünfzehn Jahren gesammelten und kunstvoll zurechtgelegten Gedanken in eine feste Ordnung … zu bringen.*[164]

Diesem Brief ist zu entnehmen, daß Comenius wohl daran dachte, neben der pädagogischen Arbeit noch Zeit für die Ausarbeitung seiner *Pansophie* aufzubringen. Dieses doppelte Vorhaben setzt ihn jedoch einer unaufhebbaren Spannung zwischen seinen pädagogischen Pflichten und seinen pansophischen Neigungen aus. Zudem erschweren kirchenpoliti-

Louis de Geer

sche Interessen und die Tätigkeit für die Unität die Erledigung der pädagogischen Aufgaben und die Ausarbeitung der pansophischen Gedanken weiter. Mitte der vierziger Jahre kommt es in Orla und Thorn zu zwei Religionsgesprächen, die dem Ziel dienen, die Spannungen zwischen den Konfessionen zu überwinden und die Protestanten zu einigen. Für das Kolloquium in Thorn (1645) verfaßt Comenius eine Sammlung von Friedensschriften (*Irenica*), welche er im Jahre 1643 beginnt und auch nach Beendigung der Zusammenkunft bis in die Mitte der fünfziger Jahre hinein vervollständigt.

Louis de Geer und den Schweden geht die pädagogische Arbeit allerdings nicht schnell genug voran. Sie beginnen, Comenius zu drängen, was diesen wiederum belastet und verärgert. Zwar setzt er sich seinen Auftraggebern gegenüber mit dem Argument zur Wehr, daß er *Bücher, nicht Abschriften* verfasse, doch zugleich bedrückt ihn sein Perfektionismus, der ihn viel Zeit und Kraft kostet. So klagt er in einem Brief an de Geer: *Wenn ich doch nur mehr könnte oder weniger wollte! Indes, je mehr ich vorankomme, um so weiter vermag ich zu sehen, und ich kann es nicht lassen, nach jenem Weiterreichenden, Vollkommeneren, Besseren zu streben. Daher kommt es, daß mir das Frühere als unvollkommen mißfällt und ich mich auf tausend Arten verbessern und zur Vollkommenheit antreiben muß, bis jetzt ohne Ende und Erfolg.*[165]

Elbing. Kupferstich von G. Bodenehr d. Ä., Anfang des 18. Jahrhunderts

Die Zeit in Elbing scheint für Comenius persönlich sehr schwierig gewesen zu sein, voller Zweifel, Spannungen und Depressionen. In dieser Situation entlastet ihn, daß er für die Arbeit, die ihm aufgetragen ist, Gehilfen bekommt, unter anderen ab Mitte der vierziger Jahre seinen Pflegesohn Peter Figulus Jablonský als Sekretär und den Arzt und Juristen Cyprian Kinner (gest. 1649) als Mitarbeiter. So findet er trotz der Fülle der Aufgaben Zeit, seine pädagogischen und pansophischen Ideen weiter auszugestalten. Er überarbeitet die lateinische *Sprachentür* und andere Schulbücher und verfaßt ein neues Informatorium für Lehrer. 1647 wird ein großes Werk über die Pädagogik, *Die neueste Sprachenmethode* (*Methodus linguarum novissima*), an der er etwa fünf Jahre lang arbeitete, fertig. Besonders interessant ist das 10. Kapitel, in dem Comenius seine pädagogischen Ansichten aufs neue in grundlegender Weise formuliert. Die Weiterentwicklungen gegenüber der *Großen Didaktik* sind besonders bemerkenswert. Comenius wendet jetzt nicht mehr die synkritische, vergleichende, sondern die analytische, zergliedernde und nach Gründen suchende Methode an, weshalb dieses 10. Kapitel auch «Analytische Didaktik» genannt wird.[166] Für eine wahre Kenntnis der Dinge reicht jedoch eine nach den Ursachen suchende, kausalanalytische Methode nicht aus, vielmehr ist vor der Ursache für eine Sache nach ihrer Existenz zu fragen, danach nach ihrer Bestimmung. *1. Der Bericht (Historie) über die Dinge ist die erste Stufe des*

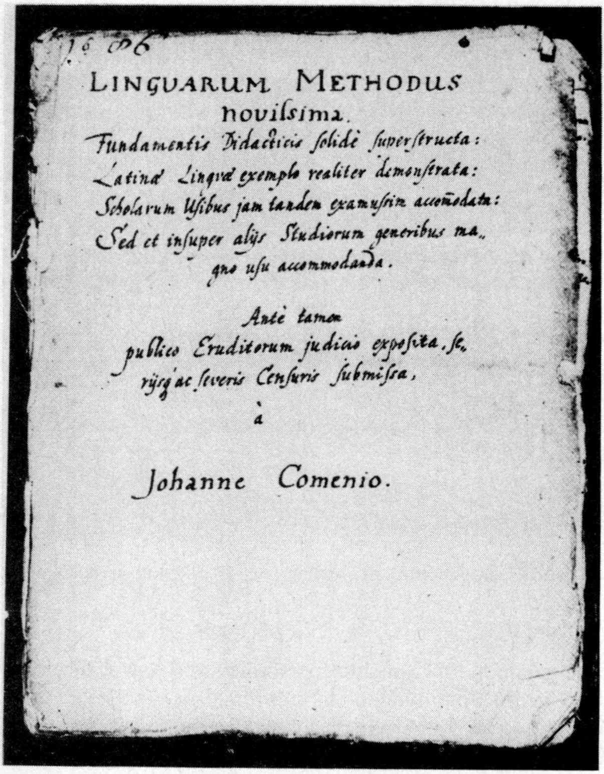
LINGUARUM METHODUS
novissima.
Fundamentis Didacticis solidè superstructa:
Latinæ Linguæ exemplo realiter demonstrata:
Scholarum Usibus jam tandem examussim accommodata:
Sed et insuper aliis Studiorum generibus ma-
gno usu accommodanda.

Antè tamen
publico Eruditorum judicio exposita, se-
riisq; ac severis Censuris submissa,
à
Johanne Comenio.

Handschriftliches Titelblatt der «Linguarum methodus novissima» des Comenius

Wissens. 2. Das Verständnis der Ursachen ist die zweite Stufe des Wissens. 3. Das Durchschauen der Folgen ist die letzte Wissensstufe.[167] Diese Aufzählung bedeutet eine Rangfolge nicht nur im Blick auf die Sache, sondern auch hinsichtlich der Entwicklung des Schülers. Seine schon in der *Großen Didaktik* entfaltete altersbezogene Entwicklungslehre verbindet Comenius jetzt mit seiner Erkenntnistheorie. *Also muß man den menschlichen Geist so unterweisen, daß diese Stufen nicht vermischt werden. Das soll nämlich ... mit Rücksicht auf das Lebensalter erfolgen; denn das erste, das Kindes- und Knabenalter, kann nur durch augenfälligen Bericht (Historie) der Dinge, das zweite durch Verstandeserwägungen* über die Ursachen *unterwiesen werden, und schließlich wird das reine Verstehen folgen,* das heißt das Durchschauen der Folgen.[168]

Mitte der vierziger Jahre kommt Comenius zu einer wichtigen Erweiterung seines Denkens, die sich in England andeutete, nun aber ausgereifte Gestalt annimmt. Er faßt den Plan, seine inzwischen auf ganz Europa ausgedehnten Bemühungen um Reformen auf kirchlichem, politischem und wissenschaftlichem Gebiet und seine pansophischen Gedanken in einer umfangreichen Schrift miteinander zu verbinden. Die dynamische, heilsgeschichtliche Darstellung des zeitlichen Ablaufs der Welt will er mit der statischen Darstellung der Ordnung des Seienden verknüpfen. 1645 schreibt er an Louis de Geer: *Ich habe ein Werk in Arbeit mit dem Titel: «Allgemeine Beratung über die Verbesserung der menschlichen Dinge an das Menschengeschlecht, vor allem aber an die Gelehrten Europas.» Die Pansophie wird in diesem Werk nur den siebten Teil ausmachen...*[169]

Die neue Programmatik einer *Verbesserung der menschlichen Dinge* faßt die früheren Programme des *Böhmisches Paradieses* und der *Pansophia christiana* in erweiterter Form und auf einer höheren Stufe zusammen. Damit steht der Grundgedanke seines Hauptwerks fest, an dem er die restlichen 25 Jahre seines Lebens immer wieder arbeitete.

Lissa

Im Jahre 1648 kehrt der sechsundfünfzigjährige Comenius nach Lissa zurück. Wissenschaftliche, private, kirchliche und politische Gründe mögen ihn dazu bewogen haben. Die Arbeit an seiner *Neuesten Sprachenmethode* ist abgeschlossen. Seine schwerkranke Frau, die Brüder in Lissa und politische Veränderungen in Polen drängen ihn zur Rückkehr. In aller Eile verläßt Comenius mit seiner Familie Elbing.

Nicht lange nach der Ankunft in Lissa stirbt seine Frau Dorothea und hinterläßt ihm zwei kleine Kinder, die fünfjährige Susanna und den zweijährigen Daniel. Die beiden älteren Töchter sind schon selbständig; die eine, Elisabeth, ist mit Peter Figulus Jablonský verlobt. Der Tod seiner Frau drückt Comenius nieder, er erkrankt schwer. Als er wieder genesen ist, erwartet ihn ein weiterer Schlag: Der nach der vierten und letzten Phase des Dreißigjährigen Kriegs, dem Französisch-Schwedischen Krieg (1635–48), geschlossene Friede von Münster und Osnabrück (Westfälischer Friede) bringt zwar nach 30 Jahren endlich Frieden, er sichert aber der Unität nicht die ersehnte Religionsfreiheit und Existenzberechtigung zu. Die böhmische Heimat bleibt in der Hand des «Antichristen», des Katholizismus. Die Gemeinde der Brüder ist damit zum Untergang verurteilt. Comenius fühlt sich von den protestantischen Parteien, welche den Frieden aushandelten, verraten. Enttäuscht schreibt er im Oktober 1648 an den schwedischen Kanzler Oxenstierna: *So gern ehedem meine Landsleute, die für das Evangelium gelitten haben, vernahmen, als Eure Hoheit durch mich und andere zu berichten aufgetragen hatte, daß wir nicht verlassen sein würden, so traurig ist es jetzt zu hören, daß wir verlassen werden... wenn Ihr keine Vorsorge für die Zukunft trefft, damit unser Königreich zum Bekenntnis des Evangeliums zurückkehren kann...* Ich *beschwöre Euch... daß Ihr uns, die wir für Christus verfolgt sind, nicht ganz und gar verlaßt.*[170]

Im Jahre 1650 verfaßt Comenius in tschechischer Sprache die Trostschrift *Das Testament* oder *Vermächtnis der sterbenden Mutter, der Brüder-Unität* (*Kšaft umírající matky*)[171], in der er das Sterben der Unität beklagt und gleichzeitig fragt, wie das religiöse Leben in Europa weitergehen soll. Die Existenz der Unität wird aber trotz ihres Untergangs nicht umsonst gewesen sein. Ihr sechsfaches Erbe – Wahrheitsliebe, Bibeltreue, Gemeindezucht, Pflege der Muttersprache, Erziehung, ganz besonders jedoch der ökumenische Gedanke – soll von den anderen protestantischen Kirchen bewahrt werden. *Allen christlichen Unitäten insgesamt vermache ich nun das Streben nach Einmütigkeit und Übereinkommen und Verbundenheit im Glauben und in Liebe zur Einheit des Geistes. O könnte doch jener Geist, den mir gleich von Anfang an der Vater der Geister erteilte, auf euch alle kommen, damit ihr ebenso herzlich euch danach sehntet, wie ich mich sehnte, nach einer wahrhaftigen Vereinigung innerhalb der Christenheit mit allen, die in Wahrheit den Namen Christi bekennen... Damit ihr alle, die ihr euch zu dem Hause der Kirche bekennt, auch wirklich ein einziges, in sich geordnetes und von allen Seiten geschlossenes Haus Gottes* seid, *damit doch einmal der christlichen Kirche... die Zeit käme, zu singen: «Siehe, wie fein und lieblich ist's, daß Brüder einträchtig beieinander wohnen.» (Psalm 133,1)*[172] Dann aber gibt es neue Hoffnung, sogar für sein Volk und für die Unität. *Deiner, böhmisches und mährisches Volk, liebe Heimat, kann ich nicht vergessen. Denn auch ich glaube dem Gott, daß nach dem Vorübergehen der Zornesstürme die Verwaltung deiner Angelegenheiten wieder zu dir zurückkehrt, o böhmisches Volk!*[173]

Trotz der deprimierenden Ereignisse des Jahres 1648 ließ sich Comenius nicht entmutigen. Im selben Jahr, kurz nach seiner Rückkehr nach Lissa, war er zum leitenden Bischof der Unität gewählt worden. Mit dieser Wahl ist er zum letzten Bischof der Brüder geworden. Die damit verbundenen Aufgaben nahm er sehr ernst. Im Mai 1649 schließt der Siebenundfünfzigjährige mit Johanna Gajusová seine dritte Ehe. Dann erhält er verschiedene Angebote, aus Holland die Einladung, seine Werke in Amsterdam herauszugeben, und aus Siebenbürgen den Auftrag, in Sárospatak die dortige höhere Lateinschule in pansophischem Sinn zu reformieren. Für seine Entscheidung zugunsten Ungarns mag das Interesse des Comenius maßgeblich gewesen sein, die unterschiedlichen Ebenen und Bereiche seiner Arbeit miteinander zu verbinden, die Theorie mit der Praxis, die Pädagogik mit der *Pansophie* und diese wiederum mit dem Plan einer großen Staats- und Weltreform, also mit der Politik. Dieser Aufgabe stellt er sich jetzt.

Der Friedensschwur von Münster (15. Mai 1648). Gemälde von Gerhard ter Borch

Sárospatak

Das Fürstentum Siebenbürgen, am Rande Europas gelegen, besaß trotz seiner geringen Größe bemerkenswerte politische und religiöse Bedeutung. Angesichts seiner Lage zwischen dem Osmanischen Reich und Österreich hing von seiner Parteinahme bei den türkisch-habsburgischen Kämpfen viel ab. Außerdem verhielt sich der Staat gegenüber den unterschiedlichen Konfessionen sehr tolerant. Die Familie Rákóczi, die im Schloß von Sárospatak residierte, verfügte über großen Reichtum und politischen Einfluß. Im Jahre 1650 übersiedelte Comenius, 58 Jahre alt, nach Sárospatak. Damit beginnt die vierte pädagogische Phase in seinem Leben, nach der Zeit in Lissa die zweite große kreative, pädagogische Epoche, in welcher ihm zwar keine wesentlichen theoretischen Neuerungen, dafür aber einige glänzende Synthesen zwischen Theorie und Praxis gelingen. Daneben formuliert er wichtige politische und sozialpolitische Gedanken.

Mit der Schulrede *Über Geistesbildung* (*De cultura ingeniorum*)[174] führt sich Comenius im November in Sárospatak ein. In ihr stellt er die Pädagogik in einen großen kulturellen und politischen Zusammenhang. Der Plan der Reform eines ganzen Volkes mit Hilfe der Bildung, welcher

Das Schloß der Rákóczi in Sárospatak. Im Innenhof wurden die Stücke des Comenius aufgeführt

für Böhmen und später in England gescheitert war, entsteht aufs neue. *Es fragt sich nun, ob es möglich sei, die geistige Bildung über ein ganzes Volk hin auszubreiten...*[175] Die Antwort ist positiv. *Alle Menschen sind ja Menschen, sie haben ein und dieselbe Natur: wenn wir einen kennen, kennen wir alle; wenn wir einen auszubilden verstehen, werden wir es bei allen vermögen.*[176] Erzieher im privaten und öffentlichen Bereich und vor allem neue Schulen und Bücher können die geplante Reform vorantreiben. Die notwendige Hilfe leistet dabei die Obrigkeit, die dafür sorgt, *daß es den Untertanen nicht an Schulen, den Schulen an Lehrern, den Lehrern an Schülern, den Schülern an Büchern und anderen notwendigen Dingen, allen aber nicht an Stille, Ruhe und öffentlichem Frieden fehle*[177]. Als Vision einer gelungenen Gesellschaft steht Comenius ein Volk vor Augen, das *einer Uhr* gleicht, einem Gebilde, in dem *jeder an seinem Platze das vollbringt, was ihm und anderen nützt*[178]. Das globale Ziel läßt aber die alltägliche Arbeit, die Schulpraxis, nicht aus dem Blick verschwinden. Sie ist vielmehr Gegenstand zahlreicher Schriften, die Comenius in dieser Zeit verfaßt.[179] Die schulorganisatorischen Schriften, der vorläufige *Entwurf zu der erleuchteten Schule zu Patak* und der ausgearbeitete *Aufriß der pansophischen Schule* (*Scholae Pansophicae Delineatio*), entwerfen den Plan für die neue pansophische Schule, die eine *Werkstatt der Menschlichkeit* sein soll. Die ganze Lernzeit wird in sieben Klassen geteilt, deren drei erste gemäß den Lehrbüchern für den Lateinunterricht die Namen *Vorhalle* (*Vestibulum*), *Eingangstür* (*Janua*) und *Halle* (*Atrium*) erhalten, während sich die folgenden vier Klassen schwerpunktmäßig mit philosophischen, logischen, politischen und theologischen Themen beschäftigen. Im Jahre 1651 wird die erste Klasse eröffnet, im folgenden funktioniert die dreiklassige Lateinschule. Comenius kümmert sich um alles, um den Aufbau der Schule, die Ordnungen und Gesetze des Zusammenlebens (*Sittenvorschriften*), Lern- und Unterrichtsprobleme (verschiedene Schulreden) und um die Überarbeitung seiner Lateinbücher. Von bleibender Bedeutung sind zwei Schulbücher, die Comenius in der zweiten Hälfte seiner Tätigkeit in Sárospatak in den Jahren 1653 und 1654 verfaßt: *Die sichtbare Welt in Bildern* und *Die Schule als Spiel*. In den beiden Arbeiten versucht er, seine in der *Großen Didaktik* erhobene Forderung nach Anschaulichkeit des Unterrichts und Selbsttätigkeit der Heranwachsenden in die Praxis umzusetzen.

Die sichtbare Welt in Bildern (*Orbis sensualium pictus*) [180] ist ein Werk für Kinder. Wiederum verwirklicht Comenius seinen alten enzyklopädischen Gedanken von der zusammenhängenden Darstellung der gesamten Welt. Neu ist jetzt aber, daß die Welt nicht nur mit Worten beschrieben, sondern auch in Bildern dargestellt ist. Damit setzt Comenius seine pädagogische Forderung, *die ganze Schule* solle *aus Bildern* bestehen, in die Tat um. Das kombinierte Bild- und Wörterbuch erlaubt ein mehrfaches Durchgehen: Zuerst sieht sich das Kind, das noch nicht lesen kann, die Bilder an, im zweiten Durchgang liest es die wichtigsten Wörter, im dritten den gesamten Zusammenhang in der muttersprachlichen Erklärung, im letzten schließlich den lateinischen Text. So lernen die Schüler immer dasselbe, nur jeweils auf einer schwierigeren Stufe. In der *Sichtbaren Welt in Bildern* werden in Wort und Bild auch die Schule und deren Aufbau beschrieben. *Die Schul ist eine Werkstat, in welcher die jungen Gemüter zur Tugend geformet werden; und wird abgetheilt in Classen. Der Schulmeister sitzt auf dem Lehrstuhl; die Schüler auf Bänken: jener lehret, diese lernen. Etliches wird ihnen vorgeschrieben mit der Kreide an der Tafel. Etliche sitzen am*

Schulstube aus Johann Amos Comenius: Vorpforte der Schulunterweisung, Nürnberg 1678

JOH. AMOS COMMENII,
ORBIS SEN-
SUALIUM PICTUS.
Hoc est,
Omnium fundamentalium in Mundo Re-
rum & in Vitâ Actionum
Pictura & Nomenclatura.
Die sichtbare Welt /
Das ist /
Aller vornemsten Welt-Dinge und Le-
bens-Verrichtungen
Vorbildung und Benahmung.
OMNIA SPONTE FLUANT ABSIT VIOLENTIA REBUS
NORIBERGÆ,
Typis & Sumptibus MICHAELIS ENDTERI.
Anno Salutis cIↄ Iↄc LVIII.

Johann Amos Comenius: Orbis sensualium pictus, Nürnberg 1658

Tische und schreiben. Er verbässert die Fehler. Etliche stehen und sagen her, was sie gelernet. Etliche schwätzen und erzeigen sich mutwillig und unfleissig: die werden gezüchtigt mit dem Bakel (Stock) *und der Ruhte.*[181]

Die sichtbare Welt in Bildern, erst 1658 in einer deutsch-lateinischen Fassung veröffentlicht, wurde nach der *Sprachentür* zu einem weiteren internationalen Erfolg für Comenius und entwickelte sich in der Folgezeit zu einem Standard-Lehrbuch, das auch in den folgenden Jahrhunderten in Gebrauch blieb und zahllose Neuauflagen erlebte.[182]

Mit der *Schule als Spiel* (*Schola ludus*)[183] löste Comenius sein Versprechen ein, die Schule zu einer Freude, zum Spiel zu machen. Für Theateraufführungen der Schüler in der Schule schrieb er Szenen, in denen er die Ideen seiner Enzyklopädie und der Weltverbesserung darstellte. Ort der Handlung ist der Königshof des Ptolemäus in Alexandrien, der jedoch ein Spiegel der gegenwärtigen Verhältnisse ist. In den ersten sieben Akten werden in enzyklopädischer Weise die Dinge, der Mensch, die Künste, die Schule, Tugenden und Laster und schließlich allgemein das Zusammenleben der Menschen dargestellt. Im letzten Akt brechen Krieg und Revolution aus, dann erfolgt unter der Leitung des Königs eine Reform des gesamten Staatswesens.

In einer Schulszene im dritten Akt lernen die Kinder, von der Anschauung der Dinge ausgehend, schreiben. Der Lehrer hat Bilder oder Modelle verschiedener Tiere in den Unterricht mitgebracht. *Der Leselehrer in einem langen Rock, einen Stecken in der Hand, mit drei Schülern... Lehrer, das erste Bild zeigend. Was ist das? – Schüler: Ein Vogel. – L.: Richtig! Aber was für ein Vogel? – Sch.: Das weiß ich nicht. – L.: Du da, sag du es! – Der zweite Schüler: Ich weiß es nicht. – L.: So will ich's euch sagen: Es ist eine Krähe. Du, weißt du, wie die Krähe schreit? – Sch.: Ich weiß es nicht. – L.: So redet sie: A, A, A. Macht's nach! – Sch.: A, A, A. – L.: Du da, mach's auch nach! – Der zweite Schüler: A, A, A. – L.: Gut. Weißt du aber, wie man diesen Ton malen kann? – Sch.: Ich weiß es nicht. – L.: Keiner von euch? – Die Schüler: Nein. – L.: Ich will's euch lehren. Seht, hier ist er schon gemalt (A).*[184]

Johann Amos Comenius:
Orbis sensualium pictus,
Nürnberg 1658, S. 46

Nikolaus Drábik

Die Aufführung des Stücks im Jahre 1654 wurde zu einem riesigen Erfolg. Comenius brachte es fertig, nicht nur die Schüler, sondern auch Eltern und Besucher für seine Methode und Gedanken zu begeistern.

Neben der pädagogischen Arbeit und der Absicht, mittels dieser das ganze Land zu reformieren, versuchte Comenius in Sárospatak auch, durch die beiden Schriften *Geheimes Gespräch Nathans mit David* und *Das Glück des Volkes* unmittelbar politischen Einfluß zu nehmen. Zu diesem Engagement trieb ihn sein vier Jahre älterer Freund, Predigerkollege und ehemaliger Mitschüler Nikolaus Drabík (1588–1671), der zu Beginn des Jahres 1651 nach Sárospatak kommt und Comenius seine Visionen von einem Sieg der Protestanten über die Katholiken mitteilt. Die Gelegenheit für einen Bündnisschluß der Protestanten scheint günstig. Im Juni findet eine wichtige Hochzeit statt, in welcher Comenius den jungen Magnaten Sigismund Rákóczi (1622–52) mit Henriette Marie von der Pfalz (1626–51), der Tochter des ehemaligen Winterkönigs Friedrich V., trauen soll. Comenius verfaßt die Schrift *Geheimes Gespräch Nathans mit David* (*Sermo secretus Nathanis ad Davidem*)[185], in welcher in der allegorischen Form einer Rede des Propheten an den König die Pläne Drabíks und Comenius' an den Adligen herangetragen werden. Angesichts der geographischen und politisch wichtigen Lage Siebenbürgens weiten sich die Reformabsichten auf die gesamte christliche und mohammedanische Welt aus. Der Fürst wird aufgerufen, die Verbesserung in einer sechsstufigen Reform herbeizuführen: *I. In Deiner Familie, II. In Deinem*

Volke, III. In der Nachbarschaft Deiner Völker, IV. In ganz Europa, V. Im Türkenvolke, VI. Auf dem ganzen Erdkreis.[186] Der Fürst wird ermahnt, bei der Hochzeit sich nicht nur wie Simson *den Weibern in Liebe* hinzugeben *und so Kraft, Ehre und Leben* zu verlieren, sondern den Anlaß politisch zu nutzen: *Siehe, die feierliche Hochzeit bietet Dir die ruhmvolle Gelegenheit! Unter ihrem glänzenden Vorwand* kann man *zum Ruhme Gottes ein heiliges Bündnis eingehen.*[187] Ist das *brüderliche Bündnis* geschaffen, dann wird es *heldenhaft sein, mit vereinten Waffen zu kämpfen*, den *Antichristen*, das heißt Katholizismus und Kaiser, zu besiegen und damit *den Nachbarvölkern Hilfe* zu *bringen*[188], insbesondere Böhmen zu befreien und die Unität als Kirche wieder herzustellen.[189] Die Pläne von Drabík und Comenius scheitern. Sigismund und Henriette sterben nicht lange nach der Hochzeit.

Gegen Ende seiner Tätigkeit faßt Comenius seine kulturpolitischen Vorstellungen in der Schrift *Das Glück des Volkes* (*Gentis felicitas*)[190]

Sigismund Rákóczi,
Fürst von Siebenbürgen.
Aus: Conterfet Kupferstich,
Leipzig 1721

zusammen. Zu Beginn kommt er zu einer grundlegenden und wichtigen Definition des Begriffs der Nation: *Ein Volk oder eine Nation ist eine Vielheit von Menschen, die aus gleichem Stamme entsprossen sind, an demselben Ort der Erde (wie in einer gemeinsamen Behausung, die man Vaterland nennt) wohnen, gleiche Sprache sprechen und durch gleiche Bande gemeinsamer Liebe, Eintracht und Mühe um das öffentliche Wohl verbunden sind.*[191] Ungarn, so analysiert Comenius, ist in diesem Sinn noch gar keine Nation, kann aber eine werden, nicht durch Gewalt, sondern durch die gemeinsame Arbeit des Volkes und durch sozial- und kulturpolitische Maßnahmen des Staates, etwa die Förderung der Eheschließungen, der Landwirtschaft und Ernährung, der Hygiene und Gesundheit, der Bildung und Frömmigkeit.

Während der Zeit in Sárospatak sehen wir in vielen Aspekten einen anderen Comenius als den gewohnten. So mißt er – anders als in England – dem Staat eine wichtige Rolle bei den allgemeinen Reformen der politischen wie der sozialen Verhältnisse zu und schreckt in seinem *Geheimen Gespräch* auch vor einer Fortsetzung des Dreißigjährigen Kriegs, unter dem er so litt, nicht zurück, wenn er auch nur einen Krieg wollte, der den Frieden herbeiführt. Im Blick auf seine pädagogischen Ansichten scheint in der Rede *Über den rechten Umgang mit Büchern*[192] die Forderung, *alles* zu lernen, nicht so sehr die pansophische Grundkenntnis über das All, sondern eher in des Wortes landläufiger Bedeutung die Alleswisserei zu bezeichnen. Ziel der alles umfassenden Lektüre sei ein Mensch, der ein *Polyhistor* ist, eine *lebendige und wandelnde Bibliothek*. Eine bleibende Erkenntnis war, daß Reformen nicht allein durch isolierte pädagogische oder wissenschaftliche Veränderungen vorangetrieben werden können, sondern nur durch eine enge Verzahnung von erzieherischen, wissenschaftlichen und unmittelbar politischen Maßnahmen.

Comenius ist mit seinen Plänen in Sárospatak letztlich gescheitert, nicht nur mit seinen politischen, sondern auch mit seinen pädagogischen, trotz der großen Erfolge. Ein Grund für den Mißerfolg war die Tatsache, daß in Sárospatak wohl Interesse an einer guten Lateinschule bestand, nicht aber an einem pansophischen Institut, zu dem es nie kam. Einen zweiten Grund sieht Comenius in der falschen pädagogischen Einstellung der Lehrer. *Meine Methode zielt insgesamt darauf ab, daß die Tretmühle Schule in Spiel und Vergnügen verwandelt wird. Das will hier niemand in den Kopf. Den freien Geist behandeln sie geradezu wie einen Sklaven, sogar beim Adel. Die Lehrer gründen ihre Autorität auf eine strenge, finstere Miene, auf harte Worte und sogar auf Prügel...*[193] Comenius fühlt sich in Sárospatak unwohl. Zudem drängen ihn die Brüder zur Rückkehr zur Unität. Im Juni 1654 nimmt er Abschied und kehrt nach Lissa zurück.

Während seines dritten und letzten nur zweijährigen Aufenthalts in Lissa lebt der mittlerweile zweiundsechzigjährige Comenius in angenehmen, beinahe üppigen Verhältnissen, er besitzt Wagen und Pferde. Unermüdlich arbeitet er an seinen theologischen und pansophischen Schriften.

Mitte der fünfziger Jahre beginnt Schweden einen Krieg gegen Polen (1655–60), der den Brüdern die Hoffnung auf Rückkehr in die Heimat eröffnet. Die Exulanten schließen sich den Schweden an. Comenius verfaßt anonym eine Begrüßungsschrift für den schwedischen König Karl X. Gustav (1622–60), den *Panegyricus Carolo Gustavo*[194], in welcher dieser als Befreier für ganz Europa gefeiert wird. Comenius erwartet von ihm die Wiederherstellung der alten religiösen und politischen Verhältnisse und eine endgültige Befriedung des europäischen Kontinents, wenn er ihm zuruft: *Habe den Mut zu dieser so großen Aufgabe, zuerst im Bereich der Christenheit die Dinge wieder ins rechte Lot zu bringen! Traue dich, die europäischen Herrscher zu ermahnen und durch dein Beispiel zu belehren; wage es, mit den Kriegen ein Ende zu machen und das Beste aller von Menschen machbaren Dinge, den Frieden, zurückzubringen!*[195]

1656 beginnt der Rückzug der Schweden. Lissa wird von polnischen Katholiken erobert, geplündert und in Brand gesteckt, ein Ereignis, das Comenius in der Schrift *Die Zerstörung Lissas im April 1656* nach eigenen Worten *mit geschichtlicher Treue erzählt* hat.[196] Er selbst kann mit seiner Familie entkommen, doch verliert er sein gesamtes Hab und Gut. In einem Brief an Peter Figulus Jablonský, der inzwischen sein Schwiegersohn ist, schreibt er: ... *am 22. Mai 1656. Sohn! Wenn du und die Deinen noch am Leben seid, möge Gott geben, daß ihr bessere Zeiten erlebt! Wir, die wir dem Untergang von Lissa entgangen sind, leben zwar, aber armselig und unbeständig. Alle haben wir dort alles verloren und nur das nackte Leben gerettet. Ich aber erlitt den größten Verlust von allen, nicht nur den meines Eigentums, sondern auch den meiner Handschriften noch dazu.*[197] Ganz besonders traf ihn die Zerstörung seines *Tschechischen Sprachschatzes*, an dem er seit seiner Studienzeit in Herborn gearbeitet hatte: *Als dieses überaus mühselige Werk (von vierundvierzig Jahren) eben gerade für den Druck vorbereitet war (im Jahre 1656), verbrannte es zusammen mit meiner ganzen Bücherei, der Druckerei und der ganzen Stadt Lissa... Diesen Verlust werde ich erst im Tode zu bejammern aufhören.*[198] Die neue Vertreibung und die Vernichtung eines großen Teils seines Lebenswerks scheinen die Lebenskraft des vierundsechzigjährigen Comenius zerstört zu haben. Den Brief an Peter Figulus Jablonský beschließt er mit dem Gedanken an den Tod. *Meinen Kindern und euch Erben, denen ich namentlich meine Handschriften hinterlassen wollte, werde ich nichts mehr als die nackte Hülle meiner Sterblichkeit hinterlassen können, damit ihr sie in die Erde legt, die gemeinsame Mutter unser aller.*[199]

Ein Mann der Sehnsucht (1656–1670)

Amsterdam

Comenius faßt den Plan, sich zu seinen Freunden nach England zu begeben. Auf der Reise wird er in Hamburg schwer krank. Nach seiner Genesung kommt er nach Amsterdam, zum viertenmal in seinem Leben. Laurentius de Geer (1614–66), der älteste Sohn des früheren Gönners Louis de Geer, will ihn bei sich aufnehmen. Die Stadt bietet dem vierundsechzigjährigen Gelehrten mit internationalem Ansehen ein festes Jahresgehalt und regt ihn an, seine gesammelten pädagogischen Werke herauszugeben. Comenius bleibt und verbringt in Amsterdam die letzten vierzehn Jahre seines Lebens. Er erhält den Schlüssel zur Stadtbibliothek, um

Der Fischmarkt in Amsterdam. Kupferstich von J. van Meurs aus dem 17. Jahrhundert

Laurentius de Geer

jederzeit arbeiten zu können. Auf dem täglichen Gang von seiner Wohnung zur Druckerei kommt er durch die Straße, in welcher der verarmte Maler Rembrandt (1606–69) lebt, dessen Schüler Juriaen Ovens (1623–78) ein Porträt des Comenius zugeschrieben wird. Bald treffen auch seine Frau und die Kinder in Amsterdam ein, ebenso Peter Figulus Jablonský, der ihm bei der Arbeit helfen will. In einem Brief an Hartlib äußert sich der Schwiegersohn sehr besorgt über den Gesundheitszustand und die Arbeit seines alternden Schwiegervaters: «Er geht gekrümmt umher» und «ist ganz zerstreut und voller Überspanntheiten».[200] Comenius erholt sich jedoch wieder und bringt in Amsterdam einige wichtige Werke zum Abschluß. Das Arbeitspensum des alternden Mannes ist enorm. Er gibt schon vorliegende Werke neu heraus, überarbeitet sie und verfaßt neue Bücher. Er schreibt Tagebücher, von denen allerdings keines erhalten ist. Er erzieht und unterrichtet seinen Sohn Daniel. Er führt eine ausgedehnte Korrespondenz mit Wissenschaftlern und Politikern. Er kümmert sich um die zerstreuten Mitglieder der Unität. Mitunter wird ihm diese Aufgabe zur Last. So antwortet er auf einen Klage- und Bittbrief ungehalten: *Bin ich denn jener Atlas, auf dessen Schultern die Berge der Bürden aller anderen schwer lasten? Ich Unglücklicher, der ich nicht imstande bin, meine eigenen Lasten zu tragen, sollte diejenigen von so vielen anderen aushalten können?*[201] Er kann aber auch mit Humor und pädagogischer Großzügigkeit reagieren. Die Sorgen einer Mutter, deren stu-

Haus der Familie de Geer in Amsterdam

dierender Sohn Schulden gemacht hat, versucht er zu zerstreuen. *Man muss doch auf dem Register junger Leut* ab und zu *etwas für den Witz passiren lassen. Ich habe gute Hoffnung, dass diese frommen Aeltern auch an diesem Sohn (den sie vielleicht für halb verlohren nunmehr halten) noch Trost, Frewde ehe erleben sollen.*[202]

Die schriftstellerische Arbeit des Comenius in Amsterdam gilt pansophischen, pädagogischen, theologischen und politischen Themen. Schon in den ersten Jahren in Amsterdam konnte er einzelne, bis Mitte der fünfziger Jahre fertiggestellte Teile seines Hauptwerks, der *Allgemeinen Beratung über die Verbesserung der menschlichen Dinge*, herausgeben. Während der gesamten Amsterdamer Zeit arbeitete er weiter an diesem Projekt.

Die zweite große Arbeit, die Comenius unternimmt, ist die Herausgabe seiner *Sämtlichen didaktischen* (d. h. pädagogischen) *Werke* (*Opera didactica omnia*)[203] in den Jahren 1657 und 1658. Das Werk umfaßt vier Teile, von denen jeder einen Abschnitt der pädagogischen Arbeit des Comenius bezeichnet, der erste die Zeit in Lissa, der zweite die in Elbing, der dritte die von Sárospatak. Den vierten und letzten Teil bilden neue Arbeiten, in denen er pädagogische Prozesse nicht mehr mit natürlichen, sondern mit mechanischen Vorgängen vergleicht.[204] In seinem Werk *Der Ausweg aus den Schullabyrinthen ins Freie* (*E scholasticis Labyrinthis exitus in planum*)[205] stellt er die bisherige Pädagogik als ein Labyrinth dar,

Johann Amos Comenius. Gemälde von J. Ovens

aus dem nur eine neue Methode herausführen kann, die wie eine *nach mechanischen Gesetzen konstruierte Maschine* mit völliger Sicherheit funktioniert. *Der lebendige Buchdruck* (*Typographeum vivum*)[206] konkretisiert diesen mechanischen Ansatz. *Der Buchdruck ist die Kunst, durch welche die Begriffe des Geistes mit wunderbarer Schnelligkeit dem Papier eingeprägt werden. Der lebendige Buchdruck aber ist die Kunst, wodurch dieselben Begriffe mit ähnlicher Schnelligkeit den Geistern eingeprägt werden.*[207] Zwei weitere Schriften[208] zeigen die Utopie einer idealen Lateinschule, die nach den Versuchen in Sárospatak nun in Amsterdam verwirklicht werden soll. Dann faßt Comenius das Hauptanliegen seiner Pädagogik zusammen. Die Qualität der Schulen soll darin bestehen, letztlich *nicht nur Werkstätten der Menschlichkeit und ein Vorspiel des ganzen*

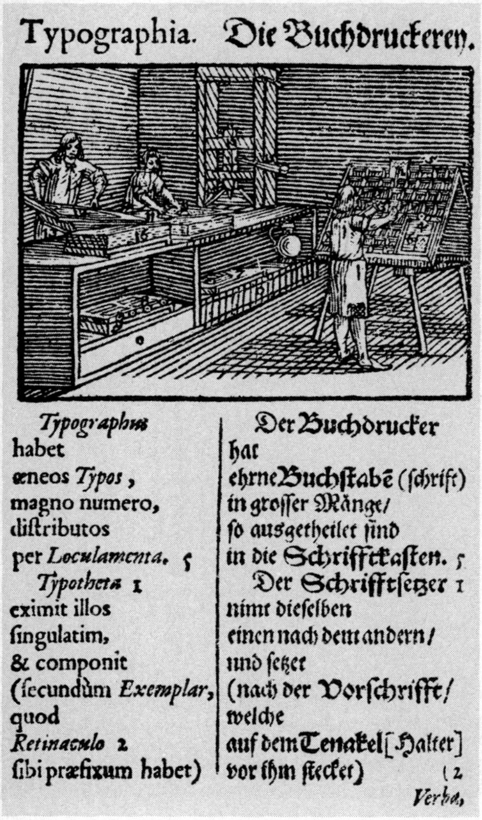

Typographia. Die Buchdruckerey.

Typographus	Der Buchdrucker
habet	hat
æneos *Typos*,	ehrne Buchstabē (schrift)
magno numero,	in grosser Mänge/
distributos	so ausgetheilet sind
per *Loculamenta*. 5	in die Schrifftkästen. 5
Typotheta 1	Der Schrifftsetzer 1
eximit illos	nimt dieselben
singulatim,	einen nach dem andern/
& componit	und setzet
(secundùm *Exemplar*,	(nach der Vorschrifft/
quod	welche
Retinaculo 2	auf dem Tenakel [Halter]
sibi præfixum habet)	vor ihm stecket) (2
	Verba,

Johann Amos Comenius: Orbis sensualium pictus, Nürnberg 1658, S. 190

Lebens zu sein, was gemeinhin zu hören ist, sondern auch das, was Gottes Absicht fordert: Werkstätten der himmlischen Weisheit, ein Paradies der Kirche und ein Vorspiel der Ewigkeit selbst. Das ist, was ich sagen wollte – die Summe meines pädagogischen Ethos.[209]

Deutlich ist, daß Comenius sich in erster Linie als Theologe verstand, auch hinsichtlich seiner pädagogischen Bemühungen. *Was ich für die Jugend schrieb, habe ich als Theologe, nicht als Pädagoge, verfaßt.*[210]

Mit der Herausgabe der didaktischen Schriften wollte Comenius seine pädagogische Arbeit abschließen. In einer dem vierten Teil beigefügten kleinen Schrift *Die Übergabe der Fackel* (*Traditio lampadis*)[211] weist er auf die Traditionen hin, denen er pädagogische Anregungen und Ideen (*Die Fackel*) verdankt und fügt hinzu, daß er die pädagogische Arbeit nun an andere weitergeben möchte. Mehr als zwölf Jahre vor seinem Tod hat Comenius damit sein didaktisches Vermächtnis geschrieben.

In den Amsterdamer Jahren gewannen Prophezeiungen wieder große Bedeutung für Comenius. Im Jahre 1657 schien sich eine für die Protestanten günstige Situation anzubahnen. Kaiser Ferdinand III. (1608–57) war gestorben, Frankreich befand sich im Krieg mit Spanien, die Macht des Papstes schien gesunken, Oliver Cromwell (1599–1658) und der schwedische König Karl X. Gustav sahen sich auf der Höhe ihrer Macht; nach den Schweden war nun auch Georg II. Rákóczi von Siebenbürgen (1621–60) in Polen eingefallen. Drabík hatte für die Zeit nach dem Tod des Kaisers den Sieg der Protestanten prophezeit. Die Evangelischen hofften auf einen protestantischen Kaiser. Noch im selben Jahr 1657 gab Comenius die Schrift *Licht in der Finsternis* (*Lux in tenebris*) mit Prophezeiungen von Christoph Kotter, Christina Poniatowska und Nikolaus Drabík heraus. Diese Schrift trug Comenius herbe Kritik ein, nicht nur von seiten der Gelehrten, welche seine Offenbarungsgläubigkeit verurteilten, sondern auch aus den Reihen der Brüder, welche die deutlich antikatholische Tendenz der Prophezeiungen ablehnten. Comenius schrieb in den folgenden Jahren mehrere Abhandlungen, in denen er die Prophezeiungen erklärte und gegen Angriffe verteidigte, etwa die *Geschichte der Offenbarungen* oder das *Gebet zur Unterscheidung zwischen wahrer und falscher Prophetie*. Gegen Nikolaus Drabík aber wurde in der Gemeinde der Brüder ein Verfahren eröffnet, zumal sich seine Versprechungen nach der Kaiserwahl des Habsburgers Leopold I. (1640–1705) als falsch herausgestellt hatten. Der Streit innerhalb der Unität spitzt sich im Jahre 1659 zu. Nicolaus Arnold (1618–81), ein ehemaliger Schüler des Comenius aus Lissa, greift den früheren Lehrer scharf an. Seine Kritik zielt auf Comenius' Festhalten an den Prophezeiungen sowie auf seine politische Einstellung am Ende des Exils in Lissa, die nach Ansicht Arnolds zur Rache der Polen und zum Untergang der Stadt Lissa führte. Comenius trifft die Kritik tief, vor allem, weil sie von einem ihm nahestehenden Menschen kommt. In der Schrift *Notwehr des Rufs und Gewissens von Johann Comenius* aus dem Jahre 1659 verteidigt er sich mit dem Hinweis, daß die Katastrophe von Lissa nur als Strafe Gottes für Unbußfertigkeit zu begreifen sei. Er läßt sich durch alle Fehlschläge, die falschen Versprechungen Drabíks und die Kritik in und außerhalb der Unität, nicht beirren und gibt 1665 eine revidierte und erweiterte Fassung der Pophezeiungen heraus, das *Licht aus der Finsternis* (*Lux e tenebris*), in welche er auch neuere Gesichte Nikolaus Drabíks aufnimmt.

Neben den Prophezeiungen beschäftigt sich Comenius, der Bischof der Brüder, mit dem Schicksal der Unität. Als im Jahre 1660 der Krieg Schwedens und Siebenbürgens gegen Polen beendet wird und Fürst Georg II. Rákóczi und König Karl X. Gustav sterben, sind alle Hoffnungen auf einen vereinten Protestantismus und auf die Wiederherstellung Böhmens und der Brüderkirche dahin. Die lange Zeit der Zerstreuung der Gemeinde brachte die Gefahr einer inneren Auflösung mit sich. In dieser

Titelblatt von «Lux e tenebris» des Comenius, 1665

Situation schreibt Comenius im vierten Teil der Schrift *Trauern über Trauern* (*Truchlivý*) im März des Jahres 1660: *Schon vor zehn Jahren sah ich unsere Vernichtung und Untergang... und schrieb das Testament der sterbenden Mutter Unität... Zwar wußte ich, daß niemand deswegen schon stirbt, weil er sein Testament verfaßt; doch nun sehe ich, daß es Got-*

tes Wille ist, daß unsere Mutter ihr Testament mit ihrem Blute bestätigen muß...[212] Auch diese Schrift klingt wie ein Vermächtnis, ein theologisches Testament des Comenius: *Ich segne namentlich dich, du kleines Häuflein des Gottesvolkes, welches mir besonders anvertraut gewesen... Lebet wohl, meine Freunde, und schaut nicht mehr anders nach mir, als wenn ihr mich bereits ins Grab gelegt hättet. Denn wenn auch mein Atem heute noch bei mir ist, ob morgen noch, weiß ich nicht...*[213] Die Synode der Brüder im Jahre 1662 brachte jedoch nicht die Auflösung der Unität, sondern die Wahl neuer Senioren, unter anderen die des Peter Figulus Jablonský. Die Gemeinde lebte weiter und Comenius arbeitete weiter für sie. *Es sei auch ferne von mir, mich an dem Herrn zu versündigen, daß ich ablassen sollte für euch zu beten und euch zu lehren den guten und richtigen Weg.*[214] Unermüdlich war er literarisch für die Brüderkirche tätig. Ende der fünfziger und Anfang der sechziger Jahre veröffentlichte er ein Gesangbuch, einen Katechismus, Werke über die Geschichte der Kirche sowie eine Neuedition der Kirchenordnung und des alten Bekenntnisses (Confessio) der Brüder.[215]

Gegen Ende seines Lebens näherte sich Comenius den frühpietistischen Kreisen um Jean de Labadie (1610–74), einem französischen ehemaligen Jesuiten, der die innere Erleuchtung durch den Geist Gottes betonte.

In den ersten zehn Jahren seines Aufenthalts in Holland mischt sich Comenius mit den drei Schriften *Vernunft-Schluß, Die letzte Posaun über Deutschland* und *Der Engel des Friedens* in sehr direkter Form in die Politik ein. In dieser nach den Versuchen in Fulnek, Lissa und Sárospatak vierten und letzten Phase seiner unmittelbaren politischen Einflußnahme weitet sich sein Horizont endgültig auf den europäischen und außereuropäischen Raum, auf die gesamte Welt. Die politische Theorie des Comenius hat dabei zwei Wurzeln. Auf der einen Seite begründet der Glaube das Handeln, weshalb sich die göttlichen Offenbarungen durch die Seher und Seherinnen der Gegenwart unmittelbar in politische Handlungsanweisungen umsetzen lassen, auf der anderen aber hat das Handeln seine Ursache in der Vernunft. Beides, die Offenbarungsgläubigkeit und die Tendenz zur Rationalität, bilden bei Comenius keinen Widerspruch, da für ihn eine Parallelität zwischen Glauben, Denken und Handeln besteht. In der Schrift *Vernunft-Schluß oder Schluß-Red der ganzen Welt* (*Syllogismus orbis terrarium practicus*)[216], in Amsterdam 1657 verfaßt, zeigt Comenius die Rationalität des politischen Denkens und Handelns an Hand der aktuellen Situation auf. Als Denkmodell wendet er die scholastische Methode des dreiteiligen logischen Urteilsschlusses (Syllogismus) auf den praktischen Bereich an. Zwei Voraussetzungen (Prämissen), die einerseits in der Tatsache des Westfälischen Friedens und andererseits im faktischen Unterlaufen der Friedensvereinbarungen durch die katholische Partei liegen, führen zur Schlußfolgerung (Conclusio), einer verschlüsselten Aufforderung zum Kampf gegen den Papst. *Darum spricht der Herr, Herr also: So wahr als ich lebe, so will ich meinen Eid, den er verachtet und meinen Bund, den er gebrochen hat, auf seinen Kopf bringen ... und muß in meiner Jagd gefangen werden.*[217]

Die nächste wichtige politische Äußerung, die 1663 entstandene *Letzte Posaun über Deutschland*[218], ist eine der wenigen Schriften, die Comenius in deutscher Sprache verfaßte. Er sandte sie an *sämtliche in dem deutschen Jerusalem, Regensburg, versammlete Chur- und Fürsten, ja alle Reichsstände und Städte.* Das Werk befaßt sich mit der Türkengefahr, wegen der in Regensburg der Reichstag zusammengetreten war, und weist darauf hin, daß Deutschland dem durch die Türken drohenden Gericht Gottes nur entgehen könne, wenn es die eigenen sozialen, politischen und religiösen Probleme zuvor löse. *Ach Deutschland, Deutschland! Du wirst der Rute Gottes nicht entgehen, so wahr Gott lebet, wo du dich nicht bald schickest, deinem Gott zu begegnen! ... Lasset ab vom Geiz und Wucher und teilet Almosen aus. Lasset ab vom Neid und Haß und einander zu verfolgen und zu berücken; sonderlich wegen der Religion. Schaffet alle Persekution* (Verfolgung) *ab und lasset Gott über die Gewissen herrschen.*[219]

Vier Jahre später, 1667, wendet sich Comenius im Werk *Der Engel des Friedens* (*Angelus pacis*)[220] wiederum unmittelbar an die Politiker. Adressaten sind diesmal die holländischen und englischen Gesandten, die sich in Breda versammelten, um den von 1664 bis 1667 dauernden zweiten Englisch-Holländischen Seekrieg zu beenden. Das zentrale Thema, das Comenius in seiner Schrift aufwirft, ist der Friede. Das Grundübel, an dem die Menschen leiden, beschreibt er mit den Worten Jesajas: *Sie kannten den Weg des Friedens nicht.*[221] Die Geschichte der Menschheit ist eine Geschichte der Kriege, des Labyrinthes der Gewalt, in welchem die Menschen endlos umherirren. Scharfsichtig benennt Comenius die Gründe von Krieg und Gewalt: neben den konfessionellen Rivalitäten die menschliche *Begierde zu besitzen*, aus der das Streben nach Landgewinn entsteht sowie *der Wetteifer und das Bestreben ... sich gegenseitig die Schiffahrten zu fremden Völkern und hierauf die Märkte sowie den Gewinn zu entreißen*[222]. Der Krieg aber ist etwas Unrechtes, sowohl theologisch von der Bibel her betrachtet, als auch philosophisch unter dem Blickwinkel der Sinnfrage. *Und wie sich's nicht lohnt, sich mit seinem Anteile nicht zufrieden zu geben, möge euch an diesem Euren Kriege dargelegt werden. Denn hättet ihr nicht angefangen, würden Eure Schatzkammern und Staatskassen nicht dermaßen erschöpft sein; die meisten Untertanen wären in eine solche Notlage nicht geraten, es wären nicht so viele Tausende von tapferen Männern umgekommen und nicht so vielen Schiffe ... samt einer ungeheuren Menge von Gütern in den Tiefen des Meeres versenkt; es wäre nicht so viel Christenblut mit den Wogen des Meeres vermengt ...*[223]

Letzte Posaun
Uber
Deutschlandt/
Die in Verdamliche Sicherheit versunckene
Welt vom Sünden-Schlaff auffzuwecken/ und dadurch
entweder der nicht auffs neue herbey wältzenden Sünd-
fluth zu entgehen/oder ja die Seele vor ewigem
Untergang zu retten/
Von
Einem heimlich seufftzenden Jeremia J. C.
an die Sämptliche in dem Deutschen
Jerusalem/
Regenspurg/
Versamlete Chur- und Fürsten/ja alle Reichs-
Stände und Städte/
gesandt.
Im Jahr Christi 1664.

Johann Amos Comenius: Letzte Posaun über Deutschlandt, 2. Auflage 1664

Dann weist Comenius auf eine andere Möglichkeit hin, mit Bedrohungen Herr zu werden, auf den pazifistischen Widerstand. Schließlich äußert er gar die Hoffnung, daß der Krieg ganz aufhört: *Die Welt möge einhalten, aufhören Krieg zu führen und Christus, dem Fürsten des Friedens, Platz machen!*[224] Den Frieden versteht Comenius jedoch nicht nur als Abwesenheit von Krieg, sondern auch als Aufbau einer gerechten Weltordnung. Die europäischen Nationen sollen zu einem friedlichen Seerecht kommen. *Man muß von dem eifrigen Trachten nach Seeherrschaft völlig ablassen. Ja, sogar ein Streit um das Vorzugsrecht wäre vielleicht unge-*

Die Kapitulation der «Royal Prince» im Englisch-Holländischen Seekrieg. Zeitgenössisches Gemälde von W. van de Velde

recht; denn der gemeinsame Schöpfer aller gab allen gemeinsames Recht auf das Meer, indem er sagte: Herrschet über die Fische des Meeres! (Gen. 1,28); nie aber sagte er jemandem besonders: Herrsche über das Meer![225] Der Friede hat neben der politischen eine soziale Seite. Scharf bezieht Comenius gegen die Ausbeutung der Kolonien durch die europäischen Völker Stellung und erweitert seine frühere Sozialkritik auf das Gebiet der globalen Wirtschaftsbeziehungen. Vom Welthandel *sollen künftighin nicht einige wenige zum eigenen Nutzen Schätze aufhäufen, sondern alle, die vor dem Herrn wohnen (auf der ganzen schon Gott geweihten Erde), sollen essen, trinken, sich kleiden und freudig den Gott der ganzen Erde preisen. Welch glückseliges Zeitalter, wenn es einmal vergönnt sein wird, es zu erleben!*[226]

Der Lebensabend

Die letzten Lebensjahre des Comenius sind von Schwierigkeiten gekennzeichnet. 1666 stirbt sein Gönner Laurentius de Geer. Sein Testament verpflichtet die Familie, deren Lage nicht mehr glänzend ist, zur weiteren

Unterstützung des Gelehrten, doch ist die Stimmung einiger Familienmitglieder gegen ihn nicht gerade freundlich. Im Todesjahr seines Gönners sterben auch einige seiner Freunde, so Joachim Hübner. Sein Schwiegersohn Peter Figulus Jablonský erhält einen Ruf nach Memel. Comenius will immer wieder zu ihm übersiedeln und bleibt doch in Amsterdam. In den letzten Lebensjahren ist er mehrmals für einige Wochen krank, für ihn *verlorene Zeit*, wie er in einem Brief schreibt. Zudem verdunkeln wissenschaftliche, vor allem theologische Streitigkeiten die letzten Jahre. Doch bleibt seine Schaffenskraft bis ins höchste Alter hinein nahezu ungebrochen. Er schreibt Polemiken, einen Rückblick auf sein Leben und die Schrift *Das einzig Notwendige*, die letzte abgerundete Zusammenfassung seiner Gedanken.

Polemische Schriften verfaßte Comenius schon seit seiner ersten Stelle in Prerau, zuerst vor allem gegen den Katholizismus. Später folgten Schriften gegen die *Ungläubigen, Türken und Juden* und zahlreiche Werke gegen den Sozinianismus, der einen strengen Ein-Gott-Glauben vertrat und deshalb die Göttlichkeit der Person Jesu und die von Comenius konsequent betonte trinitarische Seinsweise Gottes ablehnte.[227]

Auf den heftigsten Streit aber läßt sich Comenius im Jahr vor seinem Tod mit dem reformierten Theologen Samuel Maresius (1599–1673) ein. Maresius, Professor in Groningen, begann gegen den Chiliasmus und ge-

Samuel Maresius.
Zeitgenössischer
Kupferstich
von F. Heim

gen Comenius als einen seiner wichtigsten Vertreter zu polemisieren. Um sich gegen seine Angriffe zu wehren, griff Comenius in zwei schriftlichen *Ermahnungen*[228] nicht nur zu Argumenten, sondern führte auch seinen Lebensweg an und beschrieb den Werdegang seiner Gedanken von der Zeit in Lissa bis nach seiner Ankunft in Amsterdam. Der zweiten Schrift, der *Fortsetzung der brüderlichen Ermahnung*, verdanken wir so die wichtigsten Aufschlüsse über das Leben des Comenius.[229] Eine andere autobiographische Schrift entstand schon im Dezember 1661 auf Drängen des holländischen Druckers Peter van den Berge (Montanus). Im *Brief an Peter van den Berge* (*Epistula ad Montanum*)[230] gibt Comenius einen Überblick über seine Schriften, die er zum Teil in tabellarischer Form aufzählt, zum Teil jedoch auch in den Lebenszusammenhang stellt, in dem sie entstanden. Er versucht damit, vor allem für seine frühen Jahre, eine Art Schriftstellerautobiographie.

Eine der letzten gedruckten Schriften des Comenius ist das Werk *Das einzig Notwendige* (*Unum necessarium*)[231], in den Jahren 1667 und 1668 verfaßt und bald nach der Fertigstellung veröffentlicht. Besonders das letzte Kapitel wurde immer wieder als «Vermächtnis» des Comenius bezeichnet, weil es sein Leben, sein Denken und seine Hoffnung noch einmal in beeindruckender Dichte zusammenfaßt.

Comenius geht von der Frage nach dem Glück aus. *Das Glück des Menschen besteht: 1. in dem hellen Licht des Verstandes... 2. in einer glücklichen Reihenfolge der Handlungen, um Werke von Bestand zu schaffen, 3. in dem sicheren Genuß der Güter dieses Lebens...* Um zu erklären, warum dieses Glück so wenig verwirklicht werden kann, greift er sein altes, immer wieder verwendetes Bild vom Labyrinth auf, aus dem ein Ausweg gesucht werden muß. *Alle Verwicklungen der Welt haben nur eine einzige Ursache, nämlich die, daß die Menschen nicht zwischen dem Nötigen und Unnötigen unterscheiden können, daß sie das, was ihnen not ist, übersehen und sich fortwährend mit dem Unnötigen beschäftigen, sich darein verwickeln und verstricken.*[232] Die Diagnose der Krankheit führt gleichzeitig zu ihrer Therapie. Sie besteht in der *Kunst, zwischen dem Nötigen und Unnötigen unterscheiden zu können*. Dabei ist nur die *Regel Christi von dem Einen, was not ist... imstande, den Ausgang aus den Labyrinthen der Welt zu zeigen.*[233] Diese theologische Aussage verbindet Comenius mit einer philosophischen: *Was braucht der Mensch zuerst und vor allem am nötigsten? Antwort: Sich selbst. Er muß lernen, sich selbst zu erkennen, sich selbst zu beherrschen, sich selbst zu brauchen und zu genießen.*[234] Wie dies geschehen kann, zeigt Comenius dann in den drei Bereichen, die ihm zeitlebens die wichtigsten waren: der Wissenschaft samt der Pädagogik, der Politik und der Religion.

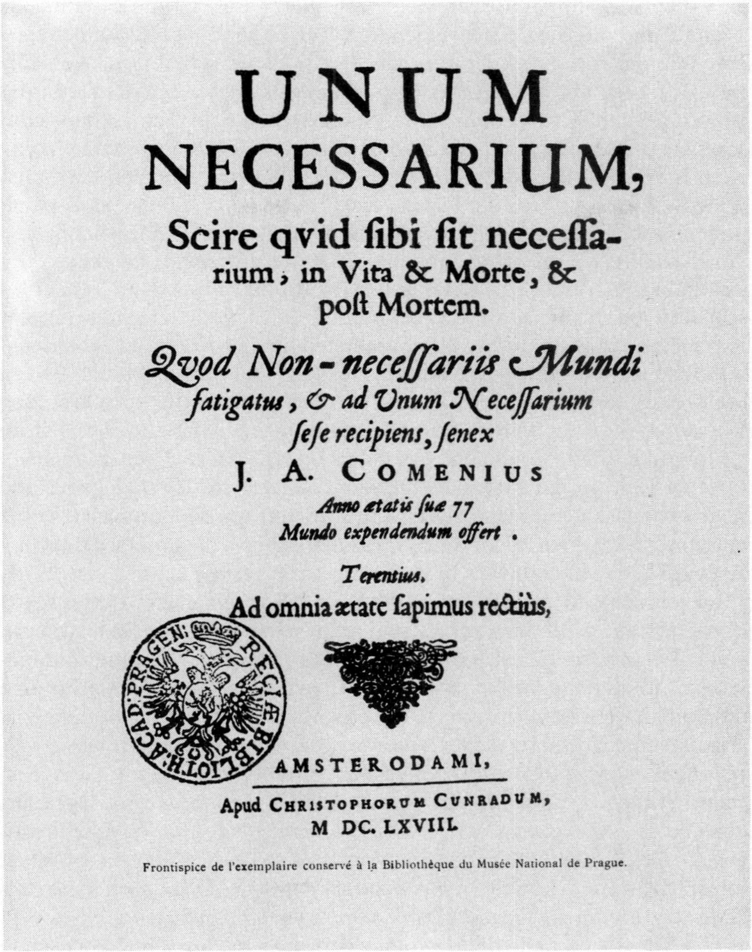

UNUM
NECESSARIUM,
Scire qvid ſibi ſit neceſſa-
rium, in Vita & Morte, &
poſt Mortem.

Qvod Non-neceſſariis Mundi
fatigatus, & ad Unum Neceſſarium
ſeſe recipiens, ſenex
J. A. COMENIUS
Anno ætatis ſuæ 77
Mundo expendendum offert.

Terentius.
Ad omnia ætate ſapimus rectiùs,

AMSTERODAMI,
Apud CHRISTOPHORUM CUNRADUM,
M DC. LXVIII.

Frontispice de l'exemplaire conservé à la Bibliothèque du Musée National de Prague.

Johann Amos Comenius: Unum necessarium, Amsterdam 1668

Blicken wir an dieser Stelle auf den Weg des Comenius zurück, zeigt sich uns ein Leben, dem nur wenig *Genuß der Güter dieses Lebens* und nur bedingt Erfolg und *Werke von Bestand* vergönnt waren. Den größten Teil der Lebenszeit – etwa fünf Jahrzehnte – verbrachte er, der die Heimat so liebte, im Untergrund, auf der Wanderschaft und im Exil. Zudem mußte er sich mit dem Verlust einiger wichtiger Manuskripte, der Erfolglosigkeit vieler seiner Bemühungen und der Unmöglichkeit, sein Lebenswerk zu vollenden, abfinden. Dennoch weist dieses Leben eine erstaunliche Vielfalt und zugleich einen bemerkenswerten inneren Zusammenhang auf. Wie ein roter, aus dem Labyrinth führender Faden durchzieht die Beschäftigung mit *der Regel Christi von dem Einen, was not ist*, mit der Bibel und dem Evangelium seine theologischen Schriften; seine philosophischen konzentrieren sich auf die Frage nach dem Sinnzusammenhang allen Seins. Pulsierend, in einzelnen, abgrenzbaren Etappen, verliefen seine Beschäftigung mit der Pädagogik (Prerau, Lissa, Elbing, Sárospatak und Amsterdam) und mit der Politik (Fulnek, Lissa, Sárospatak und Amsterdam). Eine Entwicklung bzw. Erweiterung seines Denkens zeigt sich zum einen bei seiner utopischen Hoffnung, die sich in den Frühschriften auf die Verbesserung des einzelnen Menschen richtete, in der Anfangszeit in Lissa auf die Wiederherstellung des *Böhmischen Paradieses* und später auf die Verbesserung Europas und schließlich der ganzen Welt, zum anderen bei der Frage, welchen Beitrag die verschiedenen Wissenschaften zur Verbesserung leisten können. Während der Zeit im Untergrund mißt Comenius besonders einer innerlichkeitsbezogenen Frömmigkeit, in der ersten Hälfte der Lissaer Zeit der Pädagogik und dann in wachsendem Maße der Politik eine zentrale Bedeutung zu, wobei er immer wieder, vor allem gegen Ende des Lebens, die unterschiedlichen Aspekte in ein einheitliches System zu integrieren versucht.

Im zehnten und letzten Kapitel der Schrift *Das einzig Notwendige* blickt Comenius auf sein Leben zurück und fragt sich, ob es einen Sinn hatte. In vielen Punkten sieht er sich als gescheitert an, besonders in seinen ökumenischen Bemühungen, die ihm sehr am Herzen lagen, da er sie für eine unabdingbare Voraussetzung der Weltverbesserung hielt. *Ich habe viel Arbeit an die Erfüllung dieses Wunsches gewandt, die Christen, die in verschiedenster Weise sich selbst zum Schaden und Verderben um Glaubensfragen stritten, miteinander zu versöhnen. Bis jetzt hat meine Arbeit fast noch keinen Erfolg gehabt, aber vielleicht wird sie doch noch Früchte tragen.*[235] Dann folgt eine Selbstcharakterisierung, wie sie besser gar nicht formuliert werden könnte: *Ich danke meinem Gott, daß er mich mein ganzes Leben hindurch einen Mann der Sehnsucht hat sein lassen.*[236]

Die Sehnsucht und die Hoffnung verlor er bis an sein Lebensende nicht. Der Niedergang der Unität und seiner Heimat trieb ihn nicht zur Resignation, sondern weitete seinen Blick. Zu Beginn des Jahres 1670, des Jahres seines Todes, schreibt er: *Denn der ewige Herr beginnt wieder seit acht oder zehn Tagen, meine Seele mit dem süßesten Trost zu füllen, indem er meinem Geiste außerordentlich klar offenbart, zu welchen Zielen er, der weise, gute Gott, dies alles macht, namentlich daß er sein kleines Haus niederreißt, um den Platz für ein größeres zu bereiten... das heißt, anstatt seiner kleinen lieben Unität eine große, von ihm noch mehr geliebte aufzurichten, nicht nur überall im Vaterlande, sondern unter allen Völkern der Erde... Nun sehe ich schon, wie ich die Tür der kleinen Unität hinter*

Johann Amos Comenius. Kupferstich von J. Noual, um 1660

mir zuzumachen und vor mir die Tür der großen Unität zu öffnen habe durch die Herstellung und Veröffentlichung zweier Bücher: das eine in der Muttersprache für mein eigenes Volk, das andere auf lateinisch . . zur jähen Erleuchtung der übrigen Nationen.[237] Fieberhaft arbeitete er bis zuletzt an seinem großen Werk, der *Allgemeinen Beratung*, und an weiteren Schriften, mit denen er die Weltreform vorantreiben will. Er erleidet

Grabkirche des Comenius beim Waisenhaus in Naarden

einen Schlaganfall, seine rechte Hand ist gelähmt, doch er erholt sich wieder. Sein Schwiegersohn Peter Figulus Jablonský stirbt. Comenius übernimmt die Sorge für die verwitwete Tochter Elisabeth und ihre fünf Kinder, unter ihnen den späteren Gelehrten Johann Theodor (1654–1713) und den späteren preußischen Hofprediger Daniel Ernst Jablonski (1660–1741). Am 15. November stirbt Comenius, der rastlose *Mann der Sehnsucht*, achtundsiebzigjährig in Amsterdam und wird in dem nahe gelegenen Naarden begraben.

Die allgemeine Beratung über die Verbesserung der menschlichen Dinge

Ende des Jahres 1670 schrieb Jan Amos' Sohn Daniel in einem Brief an Christian Nigrin, einen tschechischen Gelehrten und Freund des Comenius: «Die alles regierende Vorsehung Gottes hat unserem Hause tiefe und bittere Trauer auferlegt, indem sie uns unerwartet unserer Herrn Vater entrissen, der am 15. November sein Leben im Herrn vollendete ... Damit ihr aber den letzten Willen des Herrn Vaters erfahren sollt, so war es dieser: daß ihr ... hierher zu uns eilet, um hier mit mir gemeinsam die aufgehäuften Konzepte durchzusehen, in Ordnung zu bringen und, soweit möglich, herauszugeben und hier den zeitigen und ewigen Segen Gottes zu erlangen. Sonst aber würden wir beide, wenn wir uns dagegen sträuben sollten, vor das Gericht Gottes gerufen. Entsetzen ergriff unsere Herzen, als wir dieses vernahmen.»[238] Aus diesem letzten Willen des Comenius erfahren wir, welch großes Anliegen ihm die Herausgabe seiner im Manuskript oder im Zettelkastensystem erstellten letzten Werke war und wie wichtig er seine Arbeit für das Zustandekommen einer großen Weltreform hielt. Immer wieder hat er einen Anlauf unternommen, sein pansophisches Hauptwerk, die *Allgemeine Beratung über die Verbesserung der menschlichen Dinge*, fertigzustellen. Zu Beginn seiner Tätigkeit in Amsterdam äußerte er die Hoffnung, daß er jetzt, nach Abschluß und Herausgabe seiner pädagogischen Schriften, seine ganze Kraft und Zeit der *Pansophie* widmen könne. Doch dann hat er, der in der Schrift *Das einzig Notwendige* fordert, man müsse sich ganz auf eine Aufgabe, auf das Schreiben eines einzigen Buches konzentrieren, seine Kraft wiederum verzettelt, in Anspruch genommen von den vielen alltäglichen, theologischen und politischen Problemen, denen er nie aus dem Weg ging. So konnte er sein Mitte der vierziger Jahre begonnenes Hauptwerk nicht mehr vollenden, wenn er auch einzelne Teile daraus schon zu Beginn der Amsterdamer Zeit fertiggestellt und herausgegeben hatte. Der Arbeit der Verwalter seines Nachlasses aber ist es zu verdanken, daß dieses grandiose Werk in seiner Gesamtheit nicht verlorenging, vielmehr in unserem Jahrhundert wiederentdeckt und in den sechziger Jahren (1966) vollständig herausgegeben werden konnte. Neben der *Allgemeinen Beratung* blieben weitere Werke unvollendet und wurden erst postum herausgegeben, etwa die schon Anfang der dreißiger Jahre begonnene *Pforte der Dinge* (*Janua rerum*)[239], das *Pansophische Reallexikon* (Lexicon reale pansophicum)[240], die in den letzten beiden Lebensjahrzehnten entstandene *Allgemeine dreifache Kunst* (*Triertium catholicum*)[241] und die *Mahnrufe des Elias* (*Clamores Eliae*)[242].

Wie Comenius schon in Elbing andeutete, gliedert er sein pansophisches Hauptwerk *Allgemeine Beratung über die Verbesserung der menschlichen Dinge* (*De rerum humanarum emendatione consultatio catholica*)[243] in sieben Teile, deren Inhalt er in der *Vorrede* beschreibt: *Zunächst untersuchen wir, was die Erkenntnis der menschlichen Dinge betrifft: nämlich die Beziehung der Menschen zu den Dingen, über die sie als Ebenbild des Schöpfers mächtig herrschen sollen, zu den Mitmenschen, mit denen sie vernünftigen Umgang haben sollen, und zu Gott, dem das Ewige unterworfen ist, und nach dessen Willen des Menschen Wille zur Vorbereitung für die Gemeinschaft mit dem Höchsten sich richten soll; mit kurzen Worten Wissenschaft (eruditio), Politik (politia), Religion (religio). Nach der Betrachtung des Wesens dieser drei Dinge in ihrer Idee, wie sie Gott will, muß man unumstößlich dartun, daß nichts so, sondern alles in Verwirrung ist, und zwar zu dem Zwecke, das Gefühl für unser Elend und auch möglicherweise den Wunsch nach Besserung zu wecken. Dieser erste Teil heißt Panegersia, d. i. allgemeiner Weckruf.*

Dann verfolgen wir die Wege der Möglichkeit und zeigen, wie man das alleinige, helle, kräftige, auf alles sich ergießende Licht des Verstandes zur wirksamen Vertreibung der Finsternis menschlicher Wirren findet. Dieser Teil heißt Panaugia, d. i. der Weg des universalen Lichtes.

Weiter spüren wir nach, wie für dieses Licht alle Dinge in Grenzen gebannt werden könnten, daß verstandesmäßig eine feste, nirgends unterbrochene Schranke für alle Dinge gegeben sei, um auf einen Blick alles, was es gibt, dem Wesen und der Ordnung nach zu schauen. Das wird die Pantaxia, die universale Ezyklopädie der Dinge sein, die früher auch mit dem Namen Pansophia bezeichnet wurde.

An vierter Stelle bemühen wir uns um die Methode, den menschlichen Verstand in den Bann dieses Lichtes zu bringen, daß man als gebildeter Mensch jenes Gefüge aller Dinge unter dem Himmel aufnehmen könne. Wir werden dies Pampaedia, allgemeine Pflege des Verstandes, nennen.

Fünftens suchen wir die Methode, dieses Licht zu verbreiten, damit es in alle Völker und Stämme der Welt recht tief eindringen möge. Das kann nur durch das Mittel der Sprache geschehen; dieser Teil des Werkes heißt darum Panglottia, allgemeine Pflege der Sprache.

Sechstens zeigen wir, wie man mit Hilfe des schon Erörterten wissenschaftliche Arbeit, religiöses und politisches Leben verbessern könne, um vielleicht mit Gottes Hilfe ein herrliches, heiliges und friedliches Zeitalter auf der Welt heraufzuführen. Das belegen wir mit dem Namen Panorthosia, allgemeine Reform.

Endlich nach Darlegung der Möglichkeit von all diesem, ja der Leichtigkeit, weil Gott schon die Wege wies, mögen Ermahnungen an euch alle, Gelehrte, Gottesdiener und weltliche Machthaber, ergehen, auch an alle Christen auf der Welt, damit diese erwünschten Angelegenheiten durchgeführt werden.[244]

Die *Allgemeine Beratung* baut sich somit aus einer Erkenntnistheorie (*Panaugia*), einer Enzyklopädie oder Ontologie (*Pantaxia* bzw. *Pansophia*), einer Pädagogik (*Pampaedia*), einer Sprachwissenschaft (*Panglottia*), einem konkreten wissenschaftlichen, religiösen und politischen Reformprogramm (*Panorthosia*) und den Ermahnungen am Anfang und Ende (*Panegersia* und *Pannuthesia*) auf. Schon hier wird deutlich, daß Comenius in seiner *Pansophie* die Ergebnisse aller unterschiedlichen Gebiete, mit denen er sich beschäftigte, zusammenfaßte und vereinigte. Die Gedankenführung des Werkes zeigt ferner ein umfassendes philosophisches System, das bei aller Ausgereiftheit und Geschlossenheit doch eine comenianische Grundspannung verrät, die Spannung zwischen Theologie und Philosophie. Die Herleitung der Gedanken erfolgt nämlich einerseits durch einen auf biblische Gedanken, vor allem die alttestamentliche Urgeschichte, konzentrierten heilsgeschichtlichen Abriß, andererseits in philosophischem Sinn durch den Hinweis auf die Seinsordnung und den Zusammenhang aller Dinge. Hier folgt Comenius in starkem Maße neuplatonischen Gedanken. Eine zweite, mit der ersten zusammenhängende Spannung läßt sich als eine nie zu vollem Ausgleich kommende Konkurrenz zwischen einem dynamischen und einem statischen Weltbild bei Comenius beschreiben. Zahlreiche Werke, vor allem solche, die in erster Linie theologisch angelegt sind, argumentieren (heils-)geschichtlich, während das philosophische *Zentrum der Sicherheit*, sämtliche enzyklopädischen und manche der pansophischen Schriften eher statisch die Ordnung und den Zusammenhang des Seienden abbilden. Eine Auflockerung des Gegensatzes erfolgt dadurch, daß auch die pansophischen Schriften durch ihre Gliederung in einen Ideal-, Real- und neuen Idealzustand ein dynamisches Moment der Veränderung aufweisen.

In dem einleitenden *Weckruf* (*Panegersia*)[245] gibt Comenius einen heilsgeschichtlichen Überblick über den ursprünglichen, paradiesischen Zustand der Welt, den Sündenfall und die daraus folgenden realen Verhältnisse sowie über die bisherigen Reformversuche auf den Gebieten von Religion, Politik und Wissenschaft, die zu keinem Erfolg führten, denn *es wuchsen die Übel selbst bei Anwendung der Mittel. Während die Sekten sich gegenseitig zu vertilgen trachten, gehen sie doch nicht zugrunde, sondern mehren sich. Während man die Feindseligkeiten zu beseitigen sucht, hebt man sie nicht auf, sondern verschärft sie. Je mehr an der Wissenschaft arbeiten, um so verwickelter wird sie. So arbeitete man zuerst an den Krankheiten, dann an Heilmitteln, jetzt an beiden. Wir können unsere Krankheiten nicht ertragen, aber die Heilmittel auch nicht beibrin-*

gen.[246] Die Reformversuche krankten nach der Analyse des Comenius daran, daß sie jeweils auf ein bestimmtes Gebiet, auf Religion, Politik oder Wissenschaft, beschränkt waren. Eine Reform aber kann nur erfolgreich sein, wenn sie in umfassender Weise auf allen Ebenen des Lebens zugleich ansetzt, also eine Gesamt- oder Weltreform darstellt.

Die *Allgemeine Seinsordnung* oder *Enzyklopädie* (*Pantaxia oder Pansophia* im engeren Sinn) stellt drei Fragen, die ontologische, die kausale und die finale oder teleologische: Was ist, warum ist es und wozu ist es da? *Pansophie heißt universale Weisheit, nämlich die Kenntnis aller Dinge, die sind, nach der Art und Weise, durch die sie sind, und zum Wissen um ihren Zweck und Gebrauch, zu dem sie da sind.*[247] Die Frage nach dem Sein führt zu drei grundlegenden Bereichen, den drei Welten, zu Gott, Mensch und Natur (Welt der Dinge). Den Versuch, allen Phänomenen die richtige Stelle innerhalb der drei Welten zuzuweisen, unter-

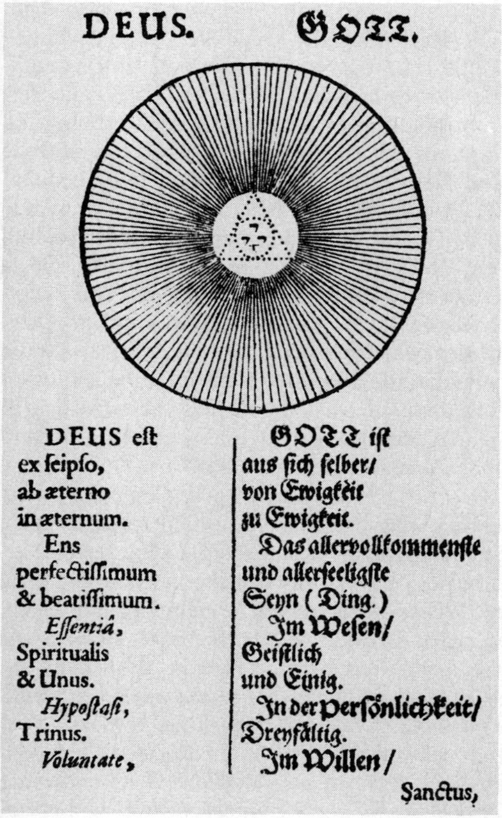

Johann Amos Comenius: Orbis sensualium pictus, Nürnberg 1658, S. 6

Homo. Mundus.

Der Mensch. Die Welt.

Johann Amos Comenius: Orbis sensualium pictus, Nürnberg 1658, S. 8 und 74

nimmt Comenius in seinen enzyklopädischen Schriften, mit dem *Schauspiel*, der *Sprachentür*, der *Physik*, der *Sichtbaren Welt in Bildern*, der *Schule als Spiel* und im *Pansophischen Reallexikon*. Den Zusammenhang der drei Welten untereinander will er in seinen pansophischen Schriften erfassen, etwa in den pansophischen Schriften der zweiten Hälfte der dreißiger und der beginnenden vierziger Jahre und in der *Pforte der Dinge*.

Die Frage nach dem «Woher» weist letzten Endes auf Gott, den Anfang und Schöpfer aller Dinge. Er erschafft die Welt in ihrem idealen Zustand. Es ist die Welt der platonischen Ideen, die Welt des alttestamentlichen Paradieses. Dieser Zustand ist durch eine hierarchische Ordnung der drei Bereiche Gott, Mensch und Natur gekennzeichnet: Der Mensch steht als Mittler zwischen den beiden anderen Bereichen, unter Gott, aber über der Natur. In dieser Grundkonstellation von Gott, Mensch und Natur haben die drei Bereiche von Religion, Politik und Wissenschaft sowie deren jeweilige Aufgabenstellung ihren systematischen Begründungszusammenhang. Die Wissenschaft soll die Herrschaft des Menschen über die Natur, die Politik die grundsätzliche Gleichheit aller Menschen, die Religion aber die Unterordnung des Menschen unter Gottes Willen verwirklichen. *Jedem Menschen ist als Menschen auf dieser Welt ein dreifacher Umgang aufgetragen… Zuerst kommt der Mensch mit den niederen Geschöpfen in Berührung, um diese kennenzulernen und zu nutzen. Zweitens hat er Umgang mit den anderen Menschen, seinen we-*

sensgleichen Brüdern; mit ihnen soll er in Frieden leben, in wechselseitigem Freundschaftsdienst. Den dritten Umgang hat er mit dem Herrn aller Dinge, mit Gott selbst...[248]

Scharf trennt Comenius von dieser idealen Ebene des Seins eine zweite, die reale, gegenwärtig vorhandene Welt. In ihr ist die ursprüngliche Harmonie in Unordnung geraten, der Mensch in Sünde gefallen: *Summa, die Menschen suchen sich außer sich, die Dinge über sich und Gott unter sich.*[249] Nie wird Comenius müde, diesen Zustand der realen, gefallenen Welt in äußerst drastischen Worten zu kritisieren, nie hat er sich mit dem Bestehenden angefreundet. Ein leitendes Motiv für seine unermüdliche praktische und theoretische Arbeit bestand darin, daß er ein Mann *voll Trauer über die Mißstände* seiner Zeit war.[250] Zugleich hat er jedoch die Hoffnung, daß Welt und Mensch verbessert werden können und der ideale, paradiesische Zustand wiederherstellbar ist. In diesem Prozeß der Verbesserung der Welt spielt der Mensch eine zentrale Rolle. Theologisch gesehen ist die Wiederherstellung des guten Zustandes möglich, weil der Mensch einerseits durch den Sündenfall nicht völlig verdorben, andererseits durch Christus wiederhergestellt ist. *Wenn einer sagt: Wir sind (doch aber) verdorben, so antworte ich folgendermaßen: 1. Wir sind aber auch erneuert durch den neuen Adam. 2. Es ist uns aufgegeben zu verbessern, was verdorben ist...*[251] Philosophisch betrachtet besteht also die Möglichkeit, daß der Mensch den Zustand der Unordnung verläßt und die Ordnung wiederherstellt. Die Wiederherstellung des Paradieses oder des idealen Zustandes aber stellt noch nicht den Endzustand dar. Dieser verläuft analog zum Anfangsgeschehen. Wie am Anfang aus Gott alles entsprang, so kehrt am Ende in einer kreisförmigen Bewegung alles zu Gott zurück.[252] Damit ist die dritte Frage, die Frage nach dem «Wozu» oder «Woraufhin» beantwortet. Anfang und Zielpunkt allen Geschehens ist Gott, dazwischen liegen die drei Zustände der paradiesischen, der gefallenen und der wiederhergestellten Welt.

Seine Erkenntnistheorie, die seiner Seinsphilosophie entspricht und im zweiten Kapitel der *Allgemeinen Beratung*, dem *Allgemeinen Licht* bzw. der *Allgemeinen Erkenntnis* (*Panaugia*)[253] entfaltet wird, versucht Comenius immer wieder mit Hilfe des anschaulichen Bildes von Licht, Spiegel und Spiegelbild zu verdeutlichen. Gott, Ursprung des Seins und der Erkenntnis, schickt sein Licht in die Welt. Der Mensch ist ein Spiegel, der als das Ebenbild Gottes die Aufgabe hat, das Licht zu Gott zurückzuspiegeln, damit der durch die Betrachtung seines Bildes Freude findet, denn *Ähnliches freut sich an Ähnlichem*[254]. Die zweite Aufgabe des Menschen ist es, das Licht, das Gott in das Reich der Dinge sendet und das von dort nicht unmittelbar zu Gott zurückgestrahlt werden kann, von der Natur her aufzufangen und zu Gott zurückzuspiegeln. Der Mensch ist damit wie eine *Kugel aus Spiegelglas... die in einem Gemach hängt und die Erscheinung aller Dinge ringsumher auffängt*[255], um sie dann *von da zum letzten*

Gipfel der ganzen Sachenwelt, zu Gott zurückzuspiegeln.[256] Damit der Mensch diese Aufgabe erfüllen kann, sind drei Voraussetzungen nötig: *(1) die drei von Gott eröffneten Quellen des Lichts; (2) die Organe, die zur Erfassung des Lichts gegeben sind, das dreifache Auge; (3) die Kanäle, die hinzugegeben wurden, um das ausströmende Licht in seiner Fülle zu lenken, die dreigestaltige Methode.*[257] Die Quellen des Lichts sind die drei «Welten»: *Es gibt daher drei Leuchten Gottes, aus denen der Glanz Gottes ausströmt und uns ringsum umgibt: die Welt... unsere Vernunft... das Wort Gottes... Die drei Leuchten werden richtig auch die drei Bücher Gottes genannt, ebenso die drei Schaubühnen Gottes, die drei Spiegel oder... die dreifache Quelle der Weisheit...*[258] Um die Erkenntnis- und Bildungsfähigkeit des Menschen zu beschreiben, spricht Comenius *vom dreifachen Auge, das heißt von den Sinnen, vom Verstande und vom Glauben, das dem Menschen gegeben wurde, damit er das dreigestaltige Licht Gottes... erschaue*[259]. Die drei *Kanäle*, auf denen das Licht zum Menschen kommen kann, sind die synkritische (vergleichende), die analytische (zergliedernde) und die synthetische (zusammensetzende) Erkenntnismethode. *Die erste Methode ist vergleichend. Sie ermöglicht es, an etwas Ähnlichem das zu beobachten, was man am betreffenden Gegenstand selbst nicht beobachten kann... Die zweite Methode ist die zerlegende. Sie ermöglicht es, die in einem Ganzen verborgenen Teile ans Licht zu bringen... Schließlich gibt es die zusammensetzende Methode. Sie macht es möglich, jede Ganzheit aus ihren Teilen zu verstehen...*[260] Die erste ist einem Spiegel, die zweite dem Mikroskop, die letzte dem Fernrohr vergleichbar. Comenius sieht seinen eigenen Beitrag zur zeitgenössischen Erkenntnistheorie vor allem im Hinweis auf die Bedeutung der vergleichenden Methode, von der er in der *Großen Didaktik* intensiv Gebrauch machte. *Heute verwenden die Philosophen nur zwei Methoden: die analytische und die synthetische. Aber auch jene dritte Methode, die vergleichende (welche man die synkritische nennen darf), kann man wirklich mit großem Erfolg verwenden...*[261]

Im realen, gefallenen Zustand der Welt hat nun der Mensch seinen zentralen Standort verlassen, so daß er die göttlichen Strahlen nicht mehr zurückwirft und auch das aus der Natur zurückstrahlende Licht nicht mehr auffangen kann: *Der im Spiegel aufgefangene Sonnenstrahl wendet sich dorthin, wohin du willst. Wird ihm kein Spiegel vorgehalten, fällt er ins Wasser, strahlt irgendwohin zurück, oder er zerspringt und verteilt sein Licht und streut es über Felder, Wald, Häuser und Wolken. Und so ist es mit allem.*[262] Die Wiederherstellung des idealen Zustands kann nur gelingen, wenn der Spiegel wieder in seine ursprüngliche Position gebracht wird, in der er seine Funktion erfüllt.

Der Pädagogik fällt die Aufgabe zu, den Menschen «zurechtzurücken» und damit eine entscheidende Voraussetzung für die Wiederherstellung der Welt zu schaffen. Die Erziehung muß den Menschen einerseits vom falschen Standort wegführen, andererseits an den richtigen Ort hinstellen. *Eine jede Sache ist der Bestimmung gemäß anzuordnen, auch der Mensch.*[263] Die zu Beginn der fünfziger Jahre verfaßte *Allpädagogik* oder *Allgemeine Pädagogik* (*Pampaedia*)[264], die Comenius in diesem Zusammenhang an der zentralen Stelle, nämlich als vierten Teil seiner *Allgemeinen Beratung* entwirft, definiert den Sinn der Pädagogik folgendermaßen: *Die Notwendigkeit einer vervollkommnenden Pflege aller Menschen zeigt sich darin, daß Gott, dem Menschen und dem Reich der Sachen selbst daran gelegen ist: Gott, damit er nicht betrogen werde in bezug auf das Ziel, das er sich mit dem Menschen gesteckt hat; dem Menschen, damit er nicht der Gemeinschaft mit Gott, d. h. seiner Seligkeit, verlustig gehe; der Sachenwelt, damit die Dinge nicht ständig der Eitelkeit der Welt unterworfen sind, wenn die Menschen sie falsch gebrauchen, weder zur Ehre Gottes noch zu ihrem eigenen Heil.*[265] Die *Allgemeine Pädagogik* führt gegenüber der *Großen Didaktik* zwei wesentliche Erweiterungen ein. Der Forderung, daß allen Menschen alles gelehrt werden müsse, fügt Comenius jetzt den Zusatz hinzu: und zwar gründlich, nicht nur oberflächlich.[266] Gemeint ist, daß jeder Mensch lernen soll, sein Leben gemäß der *Pansophie* zu gestalten, mit Rücksicht auf das Wesen, den Ursprung und das Ziel aller Dinge. Die zweite Neuerung ist, daß Comenius jetzt nicht nur Kindheit und Jugend, sondern das ganze menschliche Leben als Schule begreift und dabei auf der einen Seite auch die pränatale Phase des Lebens und auf der anderen das Leben des erwachsenen und des alternden Menschen pädagogisch zu begreifen sucht. Er kommt nun zu einem sieben- bzw. achtfachen «Schulsystem», das folgende Stufen umfaßt: die Stufe *1. des vorgeburtlichen Werdens, 2. der frühen Kindheit, 3. des Knabenalters, 4. der Reifezeit, 5. des Jungmannesalters, 6. des Mannesalters, 7. des Greisenalters, 8. des Todes*[267]. Weise zu werden ist zu einer Aufgabe des gesamten Lebens geworden.

Die umfassende Sicht, die Comenius jetzt gewonnen hat, verhindert, daß er die Pädagogik, die für ihn eine solch zentrale Stellung innehat, überfordert und allein von ihr das Heil der Welt erhofft. Das Werk der Weltverbesserung muß auf allen Ebenen zugleich angegangen werden, in der Sphäre des menschlichen Bewußtseins ebenso wie auf der strukturellen Ebene.

Im Teil über die *Allgemeine Reform* (*Panorthosia*) nennt er als Ziel seiner Bemühungen die Wiederherstellung des paradiesischen Zustands bzw. die Herstellung des goldenen Zeitalters, *von dessen Herbeikunft bei allen Völkern die Kunde umging... Dies wäre, sage ich, ein wahrhaft goldenes Zeitalter, in dem der Glanz wahrer Weisheit das Denken aller Menschen durchdringt. Das Band des wahren Friedens würde alle Völker der Welt verbinden und fesseln. Die wahre Verehrung wahrer Göttlichkeit würde das Herz aller Menschen erfüllen.*[268] Einen Widerspruch zwischen göttlichem und menschlichem Tun bei der Verbesserung der Welt sieht

Comenius nicht, wenn er von ihr erklärt, *daß sie ein Werk Christi ist und demnach menschlicher Mithilfe bedarf*[269]. Hier wird deutlich, wie wichtig für Comenius das menschliche Handeln ist, auch in der Wissenschaft, die stets einen Praxisbezug aufweisen soll. In allen Themenkreisen, die ihn beschäftigten und die sich aus seiner *Pansophie* als grundlegende menschliche Bereiche ergeben, macht Comenius konkrete Vorschläge, wie einerseits die Ursache der Schäden zu beseitigen, andererseits eine Verbesserung zu erreichen ist. In der Wissenschaft soll ein Gelehrtenkolloquium, das *Kollegium des Lichtes*, in der Religion eine geistliche Behörde, das *Konsistorium der Heiligkeit*, in der Politik aber ein *Weltfriedensgericht* Vorschläge zur Reform ausarbeiten. Um die Bemühungen zu bündeln, ist schließlich eine allgemeine *Weltversammlung* einzuberufen, ein *ökumenisches Konzil*, welches die Reform in Gang setzt. *Nun eine Zusammenfassung all dessen, was auf dem Konzil verhandelt werden soll: 1. Beseitigt werden muß, was die allgemeine Reform hemmen kann, zum Beispiel: die heidnische Philosophie, die scholastische Theologie... in der Politik die Tyrannei.* 2. *Eine neue Philosophie, eine neue Theologie oder ein neues Bekenntnis sowie eine neue bürgerliche Ordnung sind einzuführen...* 3. *Das Kollegium des Lichts, das Friedensgericht und das Konsistorium der Heiligkeit sind einzurichten.*[270] Das Werkt schließt mit *Ermahnungen aller durch alle* (*Pannuthesia*), *gerichtet an sich selbst,* und an *alle gemeinsam, im besonderen an die Gelehrten, Frommen, Mächtigen*, die Weltreform nicht zu *hemmen*, vielmehr tatkräftig zu *fördern.*[271]

Die politische und religiöse Dimension der Weltreform beschäftigte Comenius am Ende seines Lebens noch einmal in starkem Maße. Er arbeitete an einem Werk mit dem Titel *Mahnrufe des Elias* (*Clamores Eliae*), welches er nicht mehr vollendete, das aber aus den vorhandenen Notizblättern in seinen Grundzügen rekonstruiert werden konnte.[272] Die nahende Endzeit, *die Wiederzurechtbringung von allem* leitet ein neuer, dritter Elias ein, der Vorläufer des wiederkommenden Christus. Comenius selbst verstand sich als diesen neuen Propheten der Endzeit: *Wer wird dieser dritte Elias sein? Die Tschechen meinen dies von ihrem Hus, die Deutschen von Luther... Gott hat volle Freiheit, mich oder einen anderen zu schicken.*[273] Doch ist dies nicht exklusiv gemeint: *Jeder sollte ein Elias sein.*[274] Im endzeitlichen Verbesserungsprozeß spielt Elias eine entscheidende Rolle. *Die wichtigste Aufgabe des Elias ist es, ein Konzil einzuberufen... Das Ziel des Konzils ist die vollkommene und totale Weltreform aller Menschen in allen Stücken, die letzte unter dem Himmel.*[275] Die Könige ermahnt Elias, in der Politik den endzeitlichen Frieden zu verwirklichen. *Eure Steinschleudern, Geschütze, Schwerter und Spieße werden niemals die Verhältnisse beruhigen, sie werden sie vielmehr, wie schon so viele Jahrhunderte lang, nur noch stürmischer machen – Fürst des Friedens, gib also, daß die Instrumente der Macht verderben oder in Instru-*

mente des Friedens umgewandelt werden, Jes. 2,4.[276] Der Friede zeigt sich nicht nur zwischen den Völkern, er bedeutet auch eine soziale Befriedung des Staates nach innen: *Sorgt dafür, ihr Könige, daß überall auf der Welt die Religion, die Gerechtigkeit und die Erziehung das gebührliche Ansehen genießen. Darum: Gebt der Religion Freiheit, gewährt Zugang zu Staatsverwaltung und Gerichten, rüstet ab, senkt die Steuern, verbilligt den Lebensunterhalt, sichert die Straßen, schützt die Ehen, mehrt Schulen aller Art, und dann zweifelt nicht daran, daß das goldene Zeitalter der Erde zurückkommen wird.*[277]

Comenius kannte die großen Utopien seiner Zeit, den «Sonnenstaat» des Tommaso Campanella und die «Christenstadt» («Christianopolis») von Johann Valentin Andreae, vielleicht auch «Utopia» von Thomas Morus (1478–1535) und «Neu-Atlantis» von Francis Bacon. Er teilte den neuzeitlichen Geschichtsoptimismus, der wissenschaftlichen und menschlichen Fortschritt erwartete. Anders als die Neuzeit verstand er den Fortschritt jedoch nicht nur als Werk, das der Mensch zustande bringt, sondern als ein Zusammenwirken menschlichen und göttlichen Handelns. Daß letztlich Gott die Geschichte zu einem guten Ende bringen wird, hat Comenius trotz der schlimmen Zeiten, in denen er lebte, und trotz der Mißerfolge, die er erfuhr, bis an sein Lebensende gehofft. *Auf den ersten Blick ist der Aufbau und die Leitung der Welt einem Schauspiel äußerst ähnlich, ja sie ist wirklich ein Schauspiel, das die Weisheit Gottes auf dem Erdkreis mit den Menschenkindern spielt... Nun ist aber nichts typischer für ein Schauspiel, als daß es die Zuschauer, die am Anfang wenig verstehen, worauf das Stück hinauswill, durch erstaunliche Verwicklungen schließlich dahin führt, daß sich, nachdem sich alle auf eine Katastrophe eingestellt haben, das Vorausgegangene und das gerade Gespielte und der vorbereitete, rettende Schluß dem Verständnis aller immer deutlicher erschließt. So bekommt der dramatische Dichter zuletzt für seine künstlerische Geschicklichkeit Applaus, wenn der glückliche Ausgang, den er für alle Verwirrungen gefunden hat, offen vor aller Augen liegt. Im Ernst, gehört es sich etwa, vom himmlischen Künstler weniger zu erwarten? ... Was aber darf man dann berechtigterweise von seinem Handeln zum Abschluß des großen Dramas, welches er mit dem Menschengeschlecht spielt, nicht alles erwarten?*[278]

Gewalt sei ferne den Dingen

Wirkungsgeschichte[279]

Schon im 17. Jahrhundert war Comenius in erster Linie als Verfasser von Schulbüchern und als Didaktiker bekannt geworden. Seine wichtigsten Lehrbücher, die *Sprachentür* (*Janua*), die *Physik* und vor allem *Die sichtbare Welt in Bildern* (*Orbis pictus*) blieben Jahrzehnte, ja Jahrhunderte in Gebrauch. Goethe fand in seinem Lebensrückblick «Dichtung und Wahrheit» anerkennende Worte über den *Orbis pictus*, aus dem er als Kind lernte.[280] Von den pädagogischen Ideen des Comenius blieben vor allem die Gedanken einer naturgemäßen Methode, der Einheitlichkeit des Schulaufbaus, des Vorrangs der Muttersprache, der Wichtigkeit der naturkundlichen Fächer und der Bedeutung von Anschauung und Spiel für den Unterricht lebendig. Doch war die didaktische Arbeit des Comenius nicht unumstritten. Der Rektor einer Schule rechnete ihn kurz nach seinem Tod zu den «ärgsten Erznarren in der ganzen Welt» und verurteilte besonders die mangelnde Vorbereitung auf die Anforderungen an ein künftiges Gelehrtenleben durch die comenianischen Sprachlehrbücher.[281]

Viele Theologen nahmen besonders an seinem ausgeprägten Offenbarungs- und Endzeitglauben Anstoß. Positiv aufgenommen wurde die comenianische Theologie durch den Pietismus, allerdings verengt auf die mystische, innerlichkeitsbezogene und bibelkonzentrierte Seite seines Werkes.[282] Dem Halleschen Pietismus ist es zu verdanken, daß das Hauptwerk, die *Allgemeine Beratung*, erhalten blieb. August Hermann Francke (1663–1727) faßte den Entschluß, dieses Werk herauszugeben. Es kam allerdings nur zum Druck des ersten Teils, des *Weckrufes*.

Die politische Hoffnung des Comenius auf eine nationale Erneuerung blieb in Böhmen und Mähren lebendig und spielte bei den nationalen Bewegungen seit dem 18. Jahrhundert eine wichtige Rolle.

Alle bisher genannten Rezeptionsformen nahmen nur eine einzige Seite seines Denkens auf, sie zerrissen den großen Zusammenhang seiner Ideen, interpretierten eine Seite seines Denkens in einseitiger Weise und verstanden ihn als Unterrichtstechnologen, innerlichkeitsbezogenen Mystiker oder als nationalen Helden. Das Gesamtbild seiner Gedanken, seine pansophische Schau des Zusammenhangs aller Dinge, der Weltharmonie und der Weltreform erfuhren entweder keine Beachtung oder Ablehnung. Das vernichtende Urteil seines Gegners Samuel Maresius wurde von der Aufklärung weitgehend übernommen. Nur einzelne Gelehrte würdigten den gesamten Comenius, in erster Linie Gottfried Wilhelm Leibniz (1646–1716) und Johann Gottfried Herder (1744–1803). Letzterer geht in seinem 57. Humanitätsbrief[283] auf Comenius ein und erkennt die wesentlichen Zusammenhänge seines Denkens, seinen «Aufruf zu Verbesserung der menschlichen Dinge» mit dem «Wohl der Menschheit» und dem allgemeinen «Frieden» als Ziel.

Herders 57. Humanitätsbrief mit seiner ausführlichen und umfassenden Auseinandersetzung mit der *Pansophie* des Comenius kann auch als «Gründungsurkunde der modernen Comenius-Forschung» angesehen werden.[284] Ansätze zu ihrem Ausbau gab es in der ersten Hälfte des 19. Jahrhunderts in der tschechischen, national gefärbten Forschung. Eine breitere Basis erhielt die Comenius-Forschung in den letzten drei Jahrzehnten des 19. Jahrhunderts im Umfeld der Feiern seines zweihundertjährigen Todes- und seines dreihundertjährigen Geburtstags in den Jahren 1871 und 1892.[285] 1891 entstand die Comenius-Gesellschaft in Berlin, die eigene Zeitschriften und zahlreiche Veröffentlichungen herausgab und eine internationale wissenschaftliche Kooperation zwischen deutschen und tschechischen bzw. slowakischen Gelehrten ermöglichte. Im ersten Drittel des 20. Jahrhunderts entwickelte sie sich jedoch immer stärker in nationaler und reaktionärer Richtung und löste sich schließlich im Jahre 1935 auf. Einen wichtigen Anstoß zur Entstehung einer neuen, äußerst intensiven Phase der Comenius-Forschung nach dem Zweiten Weltkrieg lieferten wichtige, in den dreißiger Jahren erfolgte Funde bislang verschollener comenianischer Handschriften, insbesondere der Leningrader Handschriften durch S. Souček, von Materialien aus dem Nachlaß des Comenius-Freundes Hartlib durch G. H Turnbull[286] und der Manuskripte der *Allgemeinen Beratung* in der Bibliothek des Halleschen Waisenhauses durch D. Tschižewskij.[287] Diese Funde wurden nach dem Zweiten Weltkrieg veröffentlicht und ausgewertet. In den sechziger und siebziger Jahren schließlich konnten die Notizblätter zur Schrift *Mahnrufe des Elias* entziffert und veröffentlicht werden.[288] Die Textbasis der Comenius-Interpretation wurde somit wesentlich und um zentrale Schriften erweitert. Zudem regten weitere Jubiläumsfeiern zur intensiven Comenius-Forschung an, etwa das dreihundertjährige Jubiläum der Edition *Sämtlicher didaktischen Werke* im Jahre 1957[289], die Feiern und Veröffentlichungen zum dreihundertjährigen Todesjahr des Comenius 1970[290] und das Treffen anläßlich des vierhundertjährigen Gründungsjahres der Hochschule Herborn im Jahre 1984.[291]

Gegenwärtig liegen die Zentren der Comenius-Forschung unter ande-

Johann Gottfried Herder.
Kreidezeichnung
von F. A. Tischbein, 1795

rem in Prag, Halle (besonders Franz Hofmann) und Bochum (besonders Klaus Schaller) mit einer starken Tendenz zur internationalen Zusammenarbeit. Im Vordergrund des Interesses stand nach dem Zweiten Weltkrieg in einer ersten Phase die Pädagogik, dann in der ehemaligen DDR von einer dialektisch-materialistischen Interpretation her seine politische und soziale Auffassung[292], in der früheren Bundesrepublik dagegen die *Pansophie*, von Klaus Schaller besonders vom neuplatonischen Erbe des Comenius her interpretiert. In den siebziger Jahren entdeckte auch die bundesrepublikanische Forschung verstärkt den Politiker Comenius, so daß eine gewisse Annäherung der Themenkreise und Fragestellungen, wenn auch nicht der Ergebnisse, festzustellen ist.[293] In jüngster Zeit erkennt die Forschung die Notwendigkeit, stärker als bisher die theologische Seite bei Comenius zu untersuchen und zu berücksichtigen.[294]

Gegenwartsbedeutung[295]

In umfassendem Sinn ist das System des Comenius, zu Beginn der Neuzeit entstanden, in spannungsvoller Weise zugleich mittelalterlich statisch und neuzeitlich dynamisch. Er glaubt an die feste Ordnung der Welt und begreift diese doch zugleich (heils)geschichtlich.

Die Philosophie des Comenius möchte, wie die anderen Systeme des 17. Jahrhunderts, umfassend, allerfassend sein, sie ist *Pansophie*. Einen Gegensatz zwischen Theologie und Philosophie sieht Comenius nicht, nicht einmal eine Spannung zwischen beiden. Sein Glaube ist noch ungebrochen, unberührt von den Zweifeln der Neuzeit. Die neuzeitlichen Ablösungen der unterschiedlichen Bereiche (Philosophie, Politik, Pädagogik) von der Theologie vollzieht er nicht. Er versteht sich in erster Linie als Theologe, dort finden seine Gedanken ihren letzten Begründungszusammenhang.

Im Blick auf die Wissenschaft, besonders die Naturwissenschaft, schlägt sich Comenius im Zweifel am überlieferten Wissen und in der umfassenden Suche nach neuer Gewißheit auf die Seite der Neuzeit. Er betont die Notwendigkeit einer neuen, sicheren Methode zur Erkenntnisgewinnung sowie die Bedeutung der sinnlichen Wahrnehmung und des verstandesmäßigen Erfassens der Dinge und nimmt damit die Anliegen des Empirismus und Rationalismus auf. Er beschäftigt sich umfassend mit den naturwissenschaftlichen Erkenntnissen seiner Zeit und versucht sich selbst an der Forschung, wenn auch ohne allzu großen Erfolg. Kritik übt Comenius vor allem an der Trennung der neuentstehenden Naturwissenschaft vom Glauben und an der säuberlichen Unterscheidung von Wissenschaft und Ethik, die dazu führt, daß die Naturwissenschaft in der Moderne nur noch fragt, was gemacht werden kann, nicht aber, was gemacht werden soll oder darf. *Denn was ist wissenschaftliche Bildung ohne Sittlichkeit? Wer vorankommt in den Wissenschaften und dabei zurückkommt in der Sittlichkeit, der kommt mehr zurück als voran... Die Gelehrsamkeit an einem Manne ohne Tugend ist ‹wie ein goldener Ring am Rüssel des Schweins› (Spr. 11,22).*[296] Insbesondere muß sich nach Meinung des Comenius jeder Wissenschaftsbereich auch um die Folgen seines Tuns kümmern: *Das Durchschauen der Folgen ist die letzte Wissensstufe. Darum hat man nicht ohne Grund gesagt: «Jeder gute Staatsmann, (Arzt, Theologe, Philosoph) ist ein Prophet», weil es das Zeichen eines*

Weisen ist, nach den Ursachen die Wirkungen vorherzusehen.[297] Konsequenterweise übt Comenius auch Kritik an der Reduzierung der neuzeitlichen Wissenschaft auf die kausalanalytische Forschung, die nur noch nach den Ursachen, aber nicht mehr nach Sinn, Zweck und Ziel des Naturgeschehens fragt. Überaus heftig hat er gegen die empiristische Einseitigkeit Francis Bacons und gegen die rationalistische Verengung René Descartes' polemisiert. Er selbst will eine Wissenschaft, die umfassend ist und ethische, philosophische und theologische Fragestellungen nicht ausklammert. Wissenschaft ist vielmehr innerhalb der *Pansophie* zu betreiben, einer Philosophie, die alle Wissensbereiche umfaßt.

Die neuzeitliche Naturbeherrschung des Menschen bejaht Comenius auf der einen Seite, interpretiert jedoch die Überlegenheit des Menschen über die Natur in einem strengen Sinn als «Verantwortung» und unterscheidet sich damit vollständig von einer Entwicklung, die auf Unterjochung, Ausbeutung und Zerstörung der Natur zielt. *Nach Gottes Willen soll die Philosophie nichts anderes sein als die gesetzliche Herrschaft des Menschen über alle Dinge der Erscheinungswelt, über die unter ihm stehenden Geschöpfe. Diese Herrschaft wird gewonnen durch ein liebevolles Sichversenken in dieselben, durch vernünftige Regierung und klugen Gebrauch.*[298]

Die Theologie des Comenius schwankt zwischen einer scharfen Frontstellung gegen den Katholizismus und toleranter Weitherzigkeit. Die pansophischen Werke sind von einer die verschiedenen Religionen, Konfessionen und Denkweisen umspannenden ökumenischen Hoffnung getragen. So lädt Comenius im *Vorläufer der Pansophie* alle Gelehrten zur Mitarbeit an der *Pansophie* ein, *ohne Rücksicht darauf, ob einer Christ oder Mohammedaner, Jude oder Heide sei, und welcher Sekte auch immer er unter jenen angehört habe*[299]. Zeitlebens setzte er sich für die Beilegung der Streitigkeiten zwischen den protestantischen Gruppen ein und wandte sich insbesondere gegen die Religionskriege: *Was ist eine Religion in Waffen?*[300] Seine Theologie ist von der Hoffnung getragen. Er betont die Gottebenbildlichkeit des Menschen gegenüber seiner Sündhaftigkeit, gegenüber dem Sterben die Auferstehung Jesu und gegen die Resignation und Höllenangst die Gewißheit der Verbesserung der Welt und der endzeitlichen Herrschaft Christi und Gottes.

Die politischen Auffassungen des Comenius sind insgesamt vom Friedensgedanken geprägt. Mit großer Klarheit analysiert er die zunehmende Grausamkeit der neuzeitlichen, mit technischen Mitteln geführten Kriege und stellt lapidar fest: *Denn der Krieg ist etwas Bestialisches.*[301] Das Zusammenleben der Völker soll friedlich geregelt werden. Der Toleranzgedanke erstickt Feindschaft zwischen den Völkern und Nationalismus schon im Keim. *Wir sind alle Bürger einer Welt, ja alle ein Blut. Einen Menschen hassen, weil er anderswo geboren ist, weil er eine andere Sprache spricht, weil er anders über die Dinge denkt ... welche Gedankenlosig-*

Comenius-Denkmal in Herborn

keit![302] Der Friedensbegriff des Comenius meint jedoch nicht nur die Abschaffung der Kriege, sondern die Überwindung der Gewalt in allen gesellschaftlichen Bereichen. Ohne Gewalt und Ausbeutung sollen sich die Beziehungen der Völker auf der ganzen Erde abspielen. Gewaltfrei soll aber nicht nur das zwischenstaatliche Leben, sondern ebenso das Zusammenleben innerhalb eines Staates geregelt sein: *Über das Volk muß man in der Weise herrschen, daß es gerne gehorchen möchte. Mit Gewalt erzwungener Gehorsam ist gefährlich.*[303] Hinter der Hoffnung auf eine gesellschaftliche Ordnung ohne Zwang und Gewalt steht die Vorstellung vom Menschen als einem freien, die Knechtschaft ablehnenden Wesen, *denn des Menschen Natur ist unwandelbar, er läßt sich seine angeborene Freiheit nicht völlig nehmen...*[304]. *Wird den Menschen diese Freiheit genommen, werden sie gezwungen, ihren Willen fremder Entscheidung unterzuordnen, dann wird... aus dem Menschen ein Nicht-Mensch.*[305] Scharf lehnt Comenius alle *Methoden, den Menschen zum Gehorsam zu bringen*, ab, die *Methoden der Gewalt: Geißeln, Schläge, Fesseln, Kerker, Strang und Schwert*, und fragt: *Geziemt es sich, die vernünftige Kreatur so zu behandeln?*[306] Gewaltfrei soll schließlich auch – wie schon gezeigt – das Herrschaftsverhältnis des Menschen über die Natur sein. Das Friedensverständnis des Comenius umgreift somit alle Beziehungen des Menschen. Über seiner gesamten *Pansophie* stehen als Motto die Worte: *Alles fließe von selbst. Gewalt sei ferne den Dingen.*[307]

Für die Pädagogik der Neuzeit gab und gibt Comenius eine Fülle von Anregungen. Er ist der erste, der die mittelalterliche Vorherrschaft der Sachlogik in der Pädagogik überwindet und die Didaktik auch vom Kind her entwirft. Seine Forderung nach einer grundlegenden, das Wesentliche umfassenden Allgemeinbildung für alle, nach bildungspolitischer Chancengleichheit für Mädchen, sozial Schwache und geistig Zurückgebliebene, die Prinzipien der Anschauung und Selbsttätigkeit, der Erziehung zum Gebrauch der eigenen Vernunft, seine Vorstellungen einer lebensnahen und freundlichen Schule und einer Erziehung ohne Gewalt sind bis in die Gegenwart hinein gültig, ebenso seine Erziehungsziele, die Erziehung des Menschen zur Menschlichkeit und die Verbesserung von Welt und Mensch. Eine umfassende Realisierung dieser Vorstellungen steht bis heute noch aus. Bleibende Bedeutung kommt auch dem emanzipatorischen Grundzug seiner Pädagogik zu. *Überall in meinen Schriften betone ich nämlich das Selbstsehen, Selbstsprechen, Selbsthandeln und Selbstanwenden als die einzigen Grundlagen zum gediegenen Wissen, zur Tugend und endlich zur Glückseligkeit.*[308]

Das Geschichtsbild, die Hoffnung auf eine neue Welt, auf Fortschritt und Verbesserung, verbindet Comenius mit der Neuzeit. Neuzeitlich ist auch seine Vorstellung von der zentralen Bedeutung des Menschen für den Erneuerungsprozeß, bei ihm allerdings noch nicht losgelöst von Gottes Handeln. Dem neuzeitlichen Fortschrittsoptimismus ist er aus diesem Grunde nicht verfallen. Mit der Einbettung aller Einzeldinge und Disziplinen in die allumfassende *Pansophie* will das comenianische Denken verhindern, daß der naturwissenschaftlich-technische Fortschritt, das politische Streben nach Macht und der Eigenwille des Menschen eine Eigendynamik gewinnen, sich aus den theologischen, philosophischen, sozialen und naturhaften Bezügen lösen und Herrschaft über den Menschen ausüben können.

Comenius gehört zugleich zu den Begründern und zu den Kritikern der Neuzeit. Er hat die Ambivalenz und die Dialektik des neuzeitlichen Fortschritts erstaunlich früh erkannt. Manche seiner Gedanken sind heute aktueller als je.

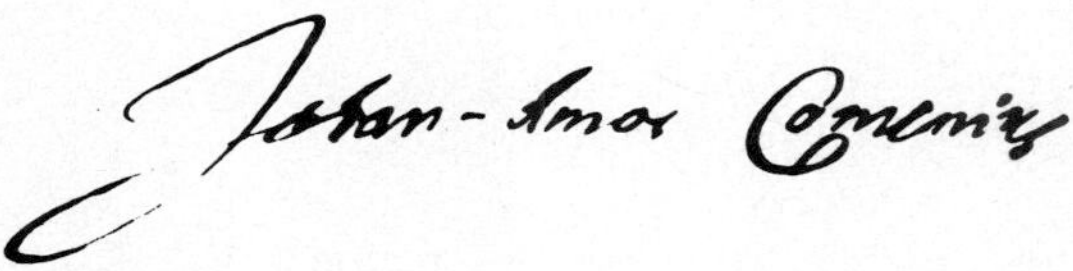

Anmerkungen

Um den Amerkungsteil zu entlasten, werden die zitierten Titel nur in Kurzform angeführt. Der in Klammern gesetzte Hinweis «s. B. 1» usw. (= «siehe Bibliographie Teil 1 usw.») soll zum entsprechenden Abschnitt des Literaturverzeichnisses führen, in dem der Titel mit allen bibliographisch notwendigen Angaben erscheint.

Folgende Abkürzungen wurden verwendet:

OO: Opera omnia, 1969ff (s. B. 2)

AW: Ausgewählte Werke, 1973ff (s. B. 3)

1 Große Didaktik, 1985, S. 14 (s. B. 4)

2 Opera didactica omnia, 1957, Bd. 2, Teil III, Zwischenblätter zwischen 830 und 831 (Schola ludus, Einleitung) (s. B. 2)

3 S. insbes. E. W. Zeeden, 1973 (s. B. 13)

4 S. u.a. F. Paulsen, 1919; 1966; H. Blankertz, 1982; K.-H. Günther u.a. (Hg.), 1987 (s. B. 13)

5 K. Schaller, 1978, S. 117 (s. B. 9)

6 Zit. nach: I. Seehase (Hg.), 1985, S. 7 (s. B. 3)

7 S. insbes. R. Říčan, 1957; 1961; F. Machilek, 1981 (s. B. 13)

8 Im «Brief an Peter van den Berge» und in der «Fortsetzung der brüderlichen Ermahnung» an Maresius.

9 Große Didaktik, 1985, S. 65f (s. B. 4)

10 S. dazu: M. Blekastad, 1969, S. 12 (s. B. 6)

11 S. u. a. K. Schaller (Hg.), 1985 (s. B. 8)

12 S. B. 10: Theologie

13 S. insbes. H. Staedke, 1930 (s. B. 11)

14 S. insbes. H. Geissler, 1959; G. B. Kraemer, 1977 (s. B. 11)

15 A. Patera (Hg.), 1892, S. 259 (s. B. 5)

16 S. insbes. die frühen Veröffentlichungen von K. Schaller (s. B. 9)

17 S. insbes. B. M. Bellerate, 1970 (s. B. 9)

18 Zit. nach: M. Blekastad, 1969, S. 75 (s. B. 6)

19 Deutsch in: AW, Bd. II/1, S. 68–99 (s. B. 3)

20 Ebenda, S. 72

21 Ebenda, S. 75

22 Ebenda, S. 76

23 Ebenda, S. 71f

24 Ebenda, S. 77, 72

25 Ebenda, S. 78, 83

26 Ebenda, S. 82
27 Ebenda, S. 84
28 Ebenda, S. 83f
29 Ebenda, S. 86
30 Ebenda, S. 87
31 Ebenda, S. 89
32 Ebenda, S. 87
33 Ebenda, S. 93
34 S. insbes. R. Alt, 1954, bes. S. 22–26 (s. B. 9)
35 S. insbes. K. Schaller, 1967, S. 230: «Er ist eher reaktionär als revolutionär». (s. B. 9)
36 A. Patera (Hg.), 1892, S. 287f, Zitat S. 288 (im Original deutsch) (s. B. 5)
37 Das einzig Notwendige, 1964, S. 151 (s. B. 4)
38 Zit. nach: M. Blekastad, 1969, S. 93 (s. B. 6)
39 OO, Bd. 1, Anhang (s. B. 2) und AW, Bd. III, Anhang (s. B. 3)
40 I. Seehase (Hg.), 1985, S. 215 (Brief an Peter van den Berge) (s. B. 3)
41 Ebenda, S. 215
42 AW, Bd. II/1, Abschn. II, S. 67ff (s. B. 3)
43 I. Seehase (Hg.), 1985, S. 214 (Brief an Peter van den Berge) (s. B. 3)
44 Deutsch in: AW, Bd. II/1, S. 143ff (s. B. 3)
45 Ebenda, S. 143
46 I. Seehase (Hg.), 1985, S. 215 (Brief an Peter van den Berge) (s. B. 3)
47 Ebenda, S. 215
48 Ebenda
49 Deutsch: Das Labyrinth der Welt und das Paradies des Herzens, 1970 (s. B. 4)
50 D. E. Jablonský in einem Brief an Leibniz, s. K. Schaller in: AW, Bd. II/1, S. XIV (s. B. 3)
51 Das Labyrinth der Welt..., 1970, S. 17 (s. B. 4)
52 Ebenda, S. 25
53 Ebenda, S. 26
54 Ebenda, S. 37
55 Ebenda, S. 43
56 Ebenda, S. 42
57 Ebenda, S. 153
58 Ebenda, S. 156–159
59 Ebenda, S. 219
60 Ebenda, S. 221f
61 Deutsch: Centrum Securitatis, 1964 (s. B. 4)
62 Ebenda, S. 58
63 Ebenda, S. 77
64 Ebenda, S. 42
65 Ebenda, S. 102
66 Deutsch in: AW, Bd. II/1, S. 100–102; folgendes Zitat S. 100 (s. B. 3)
67 Ebenda, S. 102
68 Zit. nach: R. Riemeck, 1970, S. 66f (s. B. 6)
69 Opera didactica omnia, 1957, Bd. 1, Teil I, S. 4 (Schrift I, Gruß) (s. B. 2)
70 In: J. Kvačala (Hg.), 1903, S. 10–12 (s. B. 5)
71 Zit. nach: M. Blekastad, 1969, S. 158 (s. B. 6)
72 Cesta světla. Via lucis, 1961, S. 151 (Gruß) (s. B. 4)

73 F. Hofmann (Hg.), 1987, S. 155, Anm. 1 (Paradies der wiedererstehenden Kirche) (s. B. 3)
74 AW, Bd. III, S. 138 (Physik, Vorwort) (s. B. 3)
75 Große Didaktik, 1985, S. 211 (s. B. 4)
76 Deutsch: Böhmische Didaktik, 1970 (s. B. 4)
77 Deutsch: Große Didaktik, 1985 (s. B. 4)
78 S. insbes. K. Schaller, 1967, S. 356ff; F. Hofmann, 1972; G. Michel, 1978 (s. B. 9)
79 Große Didaktik, 1985, S. 9 (s. B. 4)
80 Ebenda, S. 36
81 Ebenda, S. 49
82 Ebenda, S. 54
83 Ebenda, S. 55
84 Ebenda, S. 56
85 Ebenda, S. 57
86 Ebenda, S. 58
87 Ebenda, S. 57
88 Ebenda, S. 187f
89 Ebenda, S. 58f
90 Ebenda, S. 100
91 Ebenda, S. 112f, 135f
92 Ebenda, S. 148
93 Ebenda, S. 142
94 F. Hofmann (Hg.), 1959, S. 34f (Analytische Didaktik) (s. B. 3)
95 Große Didaktik, 1985, S. 31 (s. B. 4)
96 Ebenda, S. 88
97 Ebenda, S. 186
98 Deutsch: Informatorium der Mutterschul, 1962 (s. B. 4)
99 Ebenda, S. 9
100 Ebenda, S. 18f
101 Ebenda, S. 23f
102 Ebenda, S. 43
103 Ebenda, S. 29
104 Ebenda, S. 38
105 Überblick, deutsch in: J. Beeger, J. Leutbecher (Hg.), 1875, S. 67–70 (s. B. 3)
106 Große Didaktik, 1985, S. 186 (s. B. 4)
107 Lateinisch-tschechisch: Janua linguarum reserata, 1959 (s. B. 4)
108 Ebenda, S. 14 (Lissaer Form)
109 Ebenda, S. 14 (Lissaer Form)
110 Lateinisch-deutsch in: J. Reber (Hg.), 1896, S. 4–455; Vorwort, deutsch, in: AW, Bd. III, S. 137–158 (s. B. 3)
111 AW, Bd. III, S. 150 (s. B. 3)
112 Holländisch in: OO, Bd. 3, S. 567–582, Zitat S. 567 (Das tschechische Original dieser Schrift ist verlorengegangen.) (s. B. 2)
113 Tschechisch in: OO, Bd. 2, S. 293–368 (s. B. 2)
114 Zit. nach: M. Blekastad, 1969, S. 195 (s. B. 6)
115 Zit. nach: Ebenda, S. 197f
116 Deutsch in: F. Hofmann (Hg.), 1959, S. 173–180 (s. B. 3)
117 Ebenda, S. 173

118 Deutsch in: F. Hofmann (Hg.), 1987, S. 105–110 (s. B. 3)
119 I. Seehase (Hg.), 1985, S. 212 (Brief an Peter van den Berge) (s. B. 3)
120 Zit. nach: M. Blekastad, 1969, S. 241 (s. B. 6)
121 Lateinisch in: OO, Bd. 18, S. 13–28 (s. B. 2)
122 E. Pappenheim (Hg.), 1898, S. 134 (Wurfschaufel der Weisheit) (s. B. 3)
123 S. G. H. Turnbull, 1947 (s. B. 11)
124 Lateinisch-deutsch: Vorspiele. Prodromus Pansophiae. Vorläufer der Pansophie, 1963 (s. B. 4)
125 Ebenda, S. 21, 23
126 Ebenda, S. 83, 85
127 Ebenda, S. 29
128 Ebenda, S. 51
129 Ebenda, S. 101
130 Ebenda, S. 107
131 Ebenda, S. 109
132 Ebenda, S. 111
133 Ebenda, S. 51
134 Ebenda, S. 117
135 Ebenda, S. 89
136 Ebenda, S. 163
137 Zit. nach: M. Blekastad, 1969, S. 255 (s. B. 6). Comenius nennt hier irrtümlicherweise den «Vorläufer», meint aber die «Vorspiele».
138 J. Kvačala (Hg.), 1903, S. 139f (s. B. 5)
139 Vorspiele. Prodromus. Vorläufer, 1963, S. 145, 147 (s. B. 4)
140 J. Kvačala (Hg.), 1903, S. 140 (s. B. 5)
141 Deutsch in: J. Beeger, J. Leutbecher (Hg.), 1875, S. 124–140 (s. B. 3)
142 AW, Bd. II/1, S. 7 (Continuatio admonitionis) (s. B. 3)
143 Lateinisch in: OO, Bd. 14, S. 171–234 (s. B. 2)
144 Lateinisch-deutsch: Faber fortunae. Glückschmied, 1895 (s. B. 4)
145 Vorspiele. Prodromus. Vorläufer, 1963, S. 117 (s. B. 4)
146 Ebenda, S. 101
147 Ebenda, S. 59
148 S. dazu: OO, Bd. 12 (s. B. 2) sowie AW, Bd. III, Abschn. II, S. 131ff (s. B. 3)
149 Deutsch in: J. Reber (Hg.), 1896, S. 457–507 (s. B. 3)
150 AW, Bd. II/1, S. 7 (Continuatio admonitionis) (s. B. 3)
151 Das Labyrinth der Welt..., 1970, S. 74, 76 (s. B. 4)
152 S. dazu: M. Blekastad, 1969, S. 310f (s. B. 6)
153 Lateinisch und tschechisch: Cesta světla. Via lucis, 1961 (s. B. 4), lat. in: OO, Bd. 14, S. 281–369 (s. B. 2); deutsche Zusammenfassung: K. Dissel, 1895 (s. B. 11)
154 Eine zum Teil wörtlich übernommene, zum Teil leicht abgeänderte Zusammenfassung der «Via lucis» durch K. Dissel, 1895, S. 298 (s. B. 11)
155 OO, Bd. 14, S.337 (s. B. 2)
156 A. Patera (Hg.), 1892, S. 38 (s. B. 5)
157 Ebenda, S. 54
158 Ebenda, S. 49
159 AW, Bd. II/1, S. 12 (Continuatio admonitionis) (s. B. 3)
160 S. insbes. P. Floss, 1972 (s. B. 11); K. Schaller (Hg.), 1985, Teil III, S. 127ff (s. B. 8)

161 In der Schrift «Urteil über das Urteil des Serrarius» («Judicium de judicio Serrarii»)
162 K. Schaller, 1978, S. 100 (Clamores Eliae) (s. B. 9)
163 A. Patera (Hg.), 1892, S. 67 (s. B. 5)
164 Ebenda, S. 65
165 Ebenda, S. 83
166 Deutsch in: F. Hofmann (Hg.), 1959, S. 33–104; ebenso in: E. Pappenheim (Hg.), 1898, S. 1–92 (s. B. 3)
167 F. Hofmann (Hg.), 1959, S. 87 (s. B. 3)
168 Ebenda
169 A. Patera (Hg.), 1892, S. 97 (s. B. 5)
170 I. Seehase (Hg.), 1985, S. 193f (s. B. 3)
171 Deutsch: Vermächtnis der sterbenden Mutter, der Brüder-Unität, 1958 (s. B. 4)
172 Ebenda, S. 97f
173 Ebenda, S. 98 (Zitat gekürzt)
174 Deutsch in: F. Hofmann (Hg.), 1959, S. 127–157 (s. B. 3)
175 Ebenda, S. 136
176 Ebenda, S. 137
177 Ebenda, S. 140
178 Ebenda, S. 130
179 Ende des letzten Jahrhunderts wurden viele dieser meist kleinen Schriften ins Deutsche übersetzt, s. J. Beeger, J. Leutbecher (Hg.), 1875; E. Pappenheim (Hg.), 1898 (s. B. 3)
180 Lateinisch-deutsch: Orbis sensualium pictus, 1985 (s. B. 4)
181 Ebenda, S. 199
182 S. dazu: K. Pilz (Hg.), 1967 (s. B. 1)
183 Deutsch: Schola ludus, d. i. Die Schule als Spiel, 1888 (s. B. 4)
184 E. Pappenheim (Hg.), 1898, S. 340, 342 (s. B. 3)
185 Deutsch in: I. Seehase (Hg.), 1985, S. 195–210; ebenso in: AW, Bd. III, S. 243–264 und in: H. Schönebaum (Hg.), 1924, S. 145–168 (s. B. 3)
186 I. Seehase (Hg.), 1985, S. 199 (s. B. 3)
187 Ebenda, S. 208
188 Ebenda, S. 204f
189 In einer zweiten Schrift, der noch «Heimlicheren Rede» («Sermo Secretior») erneuerte Comenius seine Vorschläge.
190 Deutsch in: AW, Bd. III, S. 265–300 (ebenso in: H. Schönebaum [Hg.], 1924, S. 169–206) (s. B. 3)
191 AW, Bd. III, S. 265 (s. B. 3)
192 Deutsch in: I. Seehase (Hg.), 1985, S. 222–234; folgendes Zitat S. 230 (Ebenso in: F. Hofmann [Hg.], 1959, S. 158–172) (s. B. 3)
193 AW, Bd. II/1, S. 37 (Continuatio admonitionis) (s. B. 3)
194 Lateinisch in: OO, Bd. 13, S. 69–83 (s. B. 2)
195 Ebenda, S. 82
196 Deutsch, Auszug in: R. Riemeck, 1970, S. 66–75 (s. B. 6)
197 Zit. nach: M. Blekastad, 1969, S. 547f (s. B. 6)
198 I. Seehase (Hg.), 1985, S. 213 (Brief an Peter van den Berge) (s. B. 3)
199 Zit. nach: M. Blekastad, 1969, S. 549 (s. B. 6)
200 Zit. nach: G. H. Turnbull, 1947, S. 380 (s. B. 11)

201 A. Patera (Hg.), 1892, S. 202 (s. B. 5)
202 Ebenda, S. 256 (im Original deutsch)
203 Opera didactica omnia, 1957 (s. B. 2)
204 Ende des letzten Jahrhunderts wurden viele dieser meist kurzen Schriften ins Deutsche übersetzt, s. J. Beeger, J. Leutbecher (Hg.), 1875 und bes. E. Pappenheim (Hg.), 1898 (s. B. 3)
205 Deutsch in: F. Hofmann (Hg.), 1959, S. 105–124; folgendes Zitat S. 105 (s. B. 3)
206 Deutsch in: E. Pappenheim (Hg.), 1898, S. 121–124 (s. B. 3)
207 Ebenda, S. 124
208 «Das wiederbelebte Latium» («Latium redivivum») und «Das wiedergebrachte (eigentlich: wiederzubringende) Paradies der christlichen Jugend» («Paradisus Juventuti Christianae reducendus»)
209 Opera didactica omnia, 1957, Bd. 2, Teil IV, Sp. 105 f (Schrift VIII: Paradisus Juventuti Christianae reducendus) (s. B. 2)
210 Ebenda, Bd. 2, Teil IV, Sp. 27 (Schrift III: Pro latinitate Apologia)
211 Deutsch in: F. Hofmann (Hg.), 1959, S. 181–190 (s. B. 3); s. dazu auch: F. Hummel, 1892 (s. B. 9)
212 Zit. nach: M. Blekastad, 1969, S. 601 f (s. B. 6)
213 Zit. nach: Ebenda, S. 603
214 Die Uralte Christliche Catholische Religion, 1982, S. 443 (s. B. 4)
215 Deutsch: Die Uralte Christliche Catholische Religion, 1982; Kurzgefaßte Kirchen-Historie der Böhmischen Brüder, 1980 (s. B. 4)
216 Deutsch in: AW, Bd. III, S. 327–338 (s. B. 3)
217 Ebenda, S. 337
218 Deutsch in: OO, Bd. 13, S. 97–138; folgendes Zitat S. 97 (Titelblatt) (s. B. 2); ebenso in: AW, Bd. III, S. 374–397 (s. B. 3)
219 OO, Bd. 13, S. 137 (s. B. 2)
220 Deutsch in: AW, Bd. III, S. 339–373 (s. B. 3)
221 Ebenda, S. 344
222 Ebenda, S. 351
223 Ebenda, S. 347
224 Ebenda, S. 372
225 Ebenda, S. 362
226 Ebenda, S. 363
227 S. inbes. AW, Bd. IV, 1 und IV, 2 (s. B. 3)
228 «De zelo sine scientia et charitate admonitio» und «Continuatio admonitionis fraternae»
229 Lateinisch in: AW, Bd. II/1, S. 1–45 (s. B. 3); deutsche Zusammenfassung bei J. Kvačala, 1913 (s. B. 5)
230 Deutsch, Auszug, in: I. Seehase (Hg.), 1985, S. 212–219 (s. B. 3) und in: F. Hofmann, 1976, S. 89–101 (s. B. 6); lateinisch vollständig in: AW, Bd. II/1, S. 46–58 (s. B. 3)
231 Deutsch: Das einzig Notwendige, 1964 (s. B. 4)
232 Ebenda, S. 11, 28
233 Ebenda, S. 43, 52
234 Ebenda, S. 59
235 Ebenda, S. 142
236 Ebenda, S. 140

237 Zit. nach: M. Blekastad, 1969, S. 675 (s. B. 6)
238 Zit. nach: Ebenda, S. 676f
239 Dieses Werk hat Comenius unter verschiedenen Namen immer wieder neu bearbeitet: «Pansophica christiana», «Metaphysica pansophica», «Janua». Eine Fassung wurde wohl schon zu seinen Lebzeiten veröffentlicht, in endgültiger Form erschien die Schrift jedoch erst 1681; lateinisch: Janua rerum, 1968; deutsch: Pforte der Dinge – Janua rerum, 1989 (s. B. 4). Zu dieser und den folgenden Spätschriften s. eine deutsche Zusammenfassung bei J. V. Novák, 1899 (s. B. 11)
240 Lateinisch als Anhang in der Consultatio catholica, 1966 (s. B. 4); deutscher Auszug in: Allgemeine Beratung, 1970, S. 425ff (s. B. 4)
241 Lateinisch: Triertium catholicum, 1920 (s. B. 4)
242 S. am Ende des Kapitels.
243 Lateinisch: De rerum humanarum emendatione consultatio catholica, 1966; deutsch in Auszügen: Allgemeine Beratung, 1970 (s. B. 4); einzelne Teile auch vollständig in deutscher Übersetzung (Panegersia, Pampaedia, s. Anm. 245 und 264); zum Werk s.: J. Schurr, 1981 (s. B. 11)
244 AW, Bd. III, S. 18–20 (Panegersia) (s. B. 3)
245 Deutsch in: AW, Bd. III, S. 17–112 (bzw. S. 40–112); ebenso in: H. Schönebaum (Hg.), 1924, S. 1–144 (bzw. S. 27–144) (s. B. 3)
246 AW, Bd. III, S. 91 f (s. B. 3)
247 Allgemeine Beratung, 1970, S. 440 (s. B. 4). Die lat. Formel lautet: Quod, per quid, ad quid adhibendum est?
248 Pampaedia, 1960, S. 53 (s. B. 4)
249 AW, Bd. III, S. 60 (Panegersia) (s. B. 3)
250 Große Didaktik, 1985, S. 14 (Gruß) (s. B. 4)
251 Pampaedia, 1960, S. 39 (s. B. 4)
252 Die lateinische Formel lautet: A deo, per deum, ad deum
253 Panaugia, 1970 (s. B. 4)
254 Große Didaktik, 1985, S. 42 (s. B. 4)
255 Ebenda, S. 37
256 Pampaedia, 1960, S. 41 (s. B. 4)
257 Allgemeine Beratung, 1970, S. 120 (Panaugia) (s. B. 4)
258 Ebenda, S. 108
259 Ebenda, S. 113
260 Ebenda, S. 115f
261 Ebenda, S. 117
262 Pampaedia, 1960, 35 (s. B. 4)
263 Ebenda, S. 41
264 Lateinisch und deutsch: Pampaedia, 1960 (s. B. 4)
265 Ebenda, S. 23, 25
266 Die lateinische Formel lautet: Omnes, omnia, omnino
267 Ebenda, S. 13
268 Allgemeine Beratung, 1970, S. 344 (Panorthosia) (s. B. 4)
269 Ebenda, S. 339
270 Ebenda, S. 404f
271 Ebenda, S. 409, 411
272 Lateinisch: Clamores Eliae, 1977 (s. B. 4); deutsch, Auszüge: K. Schaller, 1978, S. 71ff (s. B. 9); zum Werk s. A. Škarka, 1968 (s. B. 11)

273 K. Schaller, 1978, S. 120 (s. B. 9)
274 Ebenda, S. 119
275 Ebenda, S. 124
276 Ebenda, S. 110
277 Ebenda
278 Consultatio catholica, 1966, Bd. 2, S. 216 = Sp. 370 (Panorthosia) (s. B. 4)
279 S. B. 12: Wirkungsgeschichte
280 Weimarer Ausgabe (Nachdruck 1987), I. Abt. 26. Bd., S. 49; I. Abt., 28. Bd., S. 273 (Dichtung und Wahrheit, 1. Teil, 1. Buch und 3. Teil, 14. Buch) (s. B. 9)
281 S. H. Geissler, 1959, S. 117 (s. B. 11)
282 S. Literaturangaben bei K. Schaller, 1973, S. 14, Anm. 11 (s. B. 12)
283 J. G. Herder, 1967, S. 276–283 (s. B. 11)
284 So K. Schaller, 1973, S. 11 (s. B. 12)
285 Damals galt das Jahr 1671 als Todesjahr des Comenius.
286 G. H. Turnbull, 1947 (s. B. 11)
287 Zur Entdeckungsgeschichte s. D. Tschižewskij, 1972 (X.10: Wie ich die Handschriften der Pansophie fand, S. 215ff) (s. B. 11)
288 Zur Entdeckung und Entzifferung s. K. Schaller, 1978, S. 26f (s. B. 9)
289 1957 Internationale Konferenz in Prag; Neuedition der «Sämtlichen didaktischen Werke»
290 S. insbes. C. H. Dobinson (Hg.), 1970; K. Schaller u. a. (Hg.), 1970; Gesellschaft, Menschenbildung, Pädagogische Wissenschaft, 1971; H.-J. Heydorn (Hg.), 1971 (2 Bde.); G. Michel, K. Schaller (Hg.), 1972 (s. B. 8)
291 S. insbes. K. Schaller (Hg.), 1985 (s. B. 8)
292 Besonders R. Alt und F. Hofmann
293 S. u. a. die Entwicklung bei K. Schaller, 1978, S. 7 (Vorwort) und S. 26ff (s. B. 9)
294 S. B. 10: Theologie
295 S. zum gesamten Abschnitt u. a.: G. Michel, 1985; K. Schaller, 1986; A. K. Treml, 1987 (s. B. 9); K. E. Nipkow, 1986, 1990 (s. B. 10); zur pädagogischen Gegenwartsbedeutung ist die Literatur zahlreich (s. B. 9: Pädagogik)
296 Große Didaktik, 1985, S. 62 (s. B. 4)
297 F. Hofmann (Hg.), 1959, S. 87 (Analytische Didaktik) (s. B. 3)
298 Das einzig Notwendige, 1964, S. 81 (s. B. 4)
299 Vorspiele. Prodromus. Vorläufer, 1963, S. 89 (s. B. 4)
300 AW, Bd. III, S. 67 (Panegersia) (s. B. 3)
301 Das einzig Notwendige, 1964, S. 111 (s. B. 4)
302 AW, Bd. III, S. 108 (Panegersia) (s. B. 3)
303 Janua linguarum reserata, 1959, S. 76 (s. B. 4)
304 AW, Bd. III, S. 70 (Panegersia) (s. B. 3)
305 Pampaedia, 1960, S. 61 (s. B. 4)
306 AW, Bd. III, S. 70 (Panegersia) (s. B. 3)
307 Titelvignette auf den «Sämtlichen didaktischen Werken», s. Opera didactica omnia, 1957, Bd. I, vorne (s. B. 2)
308 F. Hofmann (Hg.), 1959, S. 110 (Der Ausweg aus den Schullabyrinthen ins Freie) (s. B. 3)

Zeittafel

Die den Werken vorangestellten Jahreszahlen (linke Spalte) bezeichnen den Zeitraum der Abfassung, die in Klammern nachgestellten das Jahr des ersten Drucks einer Schrift.

1592	28. März: Geburt Jan Komenskýs (Johann Amos Comenius') in Nivnice im östlichen Mähren
1592–1603	Im Elternhaus in Nivnice und in Uherský Brod
1602/03	Tod des Vaters und der Mutter
1603–1608	Im Haus einer Tante in Strážnice und beim Vormund in Nivnice
1608–1611	Lateinschule Prerau (Přerov)
1611–1614	Studium in Herborn und Heidelberg
1613	Studienreise, u. a. nach Holland. Erste gedruckte Arbeiten. Beginn der Arbeit am *Schauspiel* (*Theatrum*) und am *Sprachschatz* (*Thesaurus*)
1614–1618	Lehrer und Rektor an der Lateinschule in Prerau
1616	Ordination zum Priester der Brüderunität
1618	Eheschließung mit Magdalena Vizovská (1. Ehe)
1618–1648	Dreißigjähriger Krieg
1618	Prager Fenstersturz
1618–1621	Comenius Prediger und Lehrer in Fulnek
bis *1619*	*Briefe nach dem Himmel* (*Listové do nebe*) *(1619)*
1620	Schlacht am Weißen Berg
1621	Prager Blutgericht. Verfolgung der Protestanten
1621–1628	Aufenthalt an wechselnden, zum Teil an geheimen Orten (Schloß Brandeis [Brandýs] u. a.)
1622	Tod seiner Frau Magdalena Vizovská
1623/24	*Trauern über Trauern – Trost über Trost* (Teil 1 und 2) (*Truchlivý*) *(1624)*
1623	*Das Labyrinth der Welt und das Paradies des Herzens* (*Labyrint světa a ráj srdce*) *(1631)*
1624	Eheschließung mit Dorothea Cyrillová (2. Ehe)
bis *1625*	*Das Zentrum der Sicherheit* (*Centrum Securitatis*) *(1633)*
1626	Geburt der Tochter Dorothea Christina
1627/28	Verneuerte Landesordnung für Böhmen und Mähren
1628	Auswanderung nach Lissa (Leszno) in Polen

1628–1641	Lissa (1. Aufenthalt)
1628	Geburt der Tochter Elisabeth
seit 1628	Briefverbindung mit Johann Valentin Andreae
	Pädagogische Schriften:
1628–1632	*Böhmische Didaktik* (*Didactica*) *(1849)*
1629–1631	*Die geöffnete Sprachentür* (*Janua linguarum reserata*) *(1631)*
1629–1632	*Informatorium der Mutterschul* (*Informatorium školy mateřské*) *(1633)*
1630–1632	*Gesamtschau der Physik* (*Physicae Synopsis*) *(1633)*
1630	Eingreifen Schwedens in den Dreißigjährigen Krieg
1631/32	*Die Posaune des Gnadenjahres* (*Basuine des genaden jaar*) *(1632)*
1632	*Der wiederauferstandene Haggai* (*Haggaeus redivivus*) *(1893)*
	Wahl zum Brüdersenior
	Tod Gustavs II. Adolf von Schweden
	Comenius entscheidet sich, lateinisch zu veröffentlichen
1633–1638	*Große Didaktik* (*Didactica magna*) *(1657)*
	Erste pansophische Schriften:
1634–1636	*Vorspiele der comenianischen Bestrebungen* (*Praeludia*) *(1637)*
1634–1639	*Vorläufer der Pansophie* (*Prodromus Pansophiae*) *(1639)*
1638/39	*Beleuchtung der pansophischen Bestrebungen* (*Dilucidatio*) *(1639)*
1639–1641	*Ausgestaltung der Pansophie* (*Pansophiae Diatyposis*) *(1643)*
1640	Kurzes, später Langes Parlament in England
1641–1642	Aufenthalte in London, Holland und Schweden
	Der Weg des Lichtes (*Via lucis*) *(1668)*
1642	Begegnung mit René Descartes
1642–1647	Schulschriften, u. a. *Die neueste Sprachenmethode* (*Methodus linguarum novissima*) *(1649)*
1642–1648	Elbing, Arbeit im Dienst Schwedens
1643	Geburt der Tochter Susanna
ab *1645*	Arbeit an der *Allgemeinen Beratung* (*Consultatio catholica*)
1646	Geburt des Sohnes Daniel
1648	Tod seiner Frau Dorothea Cyrillová
1648–1650	Lissa (2. Aufenthalt)
1648	Westfälischer Friede
	Wahl zum leitenden Bischof der Unität
1649	Eheschließung mit Johanna Gajusová (3. Ehe)
1650	*Das Vermächtnis der sterbenden Mutter, der Brüder-Unität* (*Kšaft umírající matky*) *(1650)*
1650–1654	Sárospatak
	Schulreden, Schulordnungen und -gesetze
1651	*Trauern über Trauern* (3. Teil)
	Geheimes Gespräch Nathans mit David (*Sermo secretus Nathanis ad Davidem*) *(1902)*
1653/54	*Die sichtbare Welt in Bildern* (*Orbis pictus*) *(1658)*
	Die Schule als Spiel (*Schola ludus*) *(1656)*
1654	*Das Glück des Volkes* (*Gentis felicitas*) *(1659)*
1654–1656	Lissa (3. Aufenthalt)
1655–1660	Schwedisch-Polnischer Krieg
1656	Brand von Lissa
1656–1670	Amsterdam

1656	Die ersten Teile der *Allgemeinen Beratung* (*Consultatio catholica*) (z. Teil 1656ff)
1657	*Sämtliche didaktische Werke* (*Opera didactica omnia*)
bis *1657*	*Licht in der Finsternis* (*Lux in tenebris*) *(1657)*
1657	*Vernunft-Schluß* (*Syllogismus*) *(1665)*
1657–1665	*Licht aus der Finsternis* (*Lux e tenebris*) *(1665)*
1660	*Trauern über Trauern* (4. Teil) *(1660)*
1661	*Brief an Peter van den Berge* (*Epistula ad Montanum*) *(1662)*
1663	*Die letzte Posaun über Deutschland (1663)*
1664–1667	Zweiter Englisch-Holländischer Seekrieg
1666	Tod des Gönners Laurentius de Geer
1667	Friede von Breda
	Der Engel des Friedens (*Angelus pacis*) *(1667)*
1667/68	*Das einzig Notwendige* (*Unum necessarium*) *(1668)*
1669	Streit mit dem reformierten Theologen Samuel Maresius
	Ermahnungen an Maresius (*Admonitio; Continuatio admonitionis*) *(1669)*
	Arbeit an unvollendeten Werken:
1630–1670	*Pforte der Dinge* (*Janua rerum*) (*1681*)
1645–1670	*Allgemeine Beratung* (*Consultatio catholica*) *(1966)*
1650–1670	*Allgemeine dreifache Kunst* (*Triertium catholicum*) *(1681)*
1663–1670	*Pansophisches Reallexikon* (*Lexicon reale pansophicum*) *(1966)*
1665–1670	*Mahnrufe des Elias* (*Clamores Eliae*) *(1977)*
1670	15. November: Tod in Amsterdam. Begräbnis in Naarden bei Amsterdam

Zeugnisse

Man kann wahrlich streiten, ob aus diesem Mann die ganze Didaktik oder ob er ganz aus Didaktik gemacht ist. Dergestalt ist mir wunderbar, wie in der Person des einen Comenius alle Vorzüge der besten Schulmänner und alle Ratschläge der geschicktesten Jugenderzieher sich zusammengefunden haben.

Adam Weinheimer, 1657

Selig vollendeter Greis, Neubürger nun höherer Welten,
die dein forschender Geist hier uns im Bilde gezeigt.
Wirf dein Hoffen nicht weg!
    Dein Wort siegt über den Tod noch;
Was du gesät hast, birgt treulich der Acker im Schoß!
Späteren winkt der Ernte Geschenk; schon wogen die Halme;
Was sie verheißen, erfüllt redlich der Himmlischen Rat!
Mählich erschließt die Natur sich;
    das Glück der Gemeinschaft zu finden,
Ist uns vergönnt; doch nur, wenn wir vereint uns bemühn!
Dich, Comenius, wird, dein Tun, dein Hoffen, ja Wünschen,
Ehren und pflegen dereinst, wer zu den Guten sich zählt.

Gottfried Wilhelm Leibniz, 1671

Comenius würde gewiß noch weit vergnüglicher gelebet und sich eine weit größere Reputation erworben haben, wenn er bei seiner Philosophie und Theologie geblieben und sich in die Geheimnisse der Theologorum und Politicorum nicht gemischet hätte.

Da verfiel er aus seiner bisherigen Ruhe wieder in die Unruhe und wurde von den einen hie und von den anderen da angetastet und der Hoffart, der Unbeständigkeit, Widersinnigkeit und sogar Atheisterey beschuldigt.

J. F. Reimann, 1709

Sie wünschten, daß Jemand über den menschenfreundlichen Comenius ausführlicher spräche. Der bescheidene Mann spricht von sich selbst sehr wenig; das Einzig Nothwendige lag ihm zu sehr am Herzen. Im ganzen Nord-Europa erregte Comenius Aufmerksamkeit auf die Erziehung. Seine Vorschläge (obgleich die meisten seiner Werke uns die Flamme geraubt hat,) sind ans Licht gestellt, ja sie liegen größtentheils, (so einfach sind sie,) in aller Menschen Sinne; nur erfordern sie Menschen von Comenius Betriebsamkeit und Herzenseinfalt zur Ausführung.

Johann Gottfried Herder, 1795

Und hier entsteht nun die reizvollste Aufgabe, welche Erziehungslehre kennt: sie soll den pädagogischen Genius beschreiben und analysieren, sie soll hierdurch den werdenden Erzieher mit dem Gefühl seiner Würde und mit der Begeisterung für seinen Beruf erfüllen. Auch in dem pädagogischen Genius ist etwas Ursprüngliches. Seltener vielleicht als der Dichter oder der bildende Künstler ist er in der Geschichte aufgetreten. Sokrates, Plato, Comenius, Pestalozzi, Herbart, Fröbel sind unzweifelhaft von dieser Art. Sie treten neben die Dichter als Personen desselben Ranges, aber von einer ganz anderen Gemütsbeschaffenheit. Man bemerkt, daß die Anziehungskraft, die ein Mensch auf andere ausübt, durch die impulsive Macht bedingt ist, mit der er sich äußert und hingibt. In dem pädagogischen Genius herrschen daher Gemüt und Anschauungskraft vor, gar nicht der Verstand. So gewahrt man denn auch im Leben häufig, daß Menschen von nicht besonders scharfem Verstande dieses pädagogische Talent besitzen. Wir verstehen und bestimmen einen Menschen nur, indem wir mit ihm fühlen und seine Regungen in uns nachleben. Wir verstehen nur durch Liebe.

Wilhelm Dilthey, 1888

Comenius war kein Deutscher; aber er war auch kein Mähre. Er war ein Erdenpilger. Ergreifend ist sein Leiden an der Welt und an der Zeit. Das Labyrinthische der Welt war seine Grunderfahrung. Aus des Lebens labyrinthisch irrem Lauf aber erhebt sich nun seine Sehnsucht, der Grundtrieb seines Geistes, dasselbe, was für Plato der Eros, für Plotin die Ekstase war. Der Gehalt dieser Sehnsucht ist nichts anderes als die Zurückführung der Vielheit in die Einheit, der Welt in Gott, der Seele in Jesus Christus. Auch heute noch brauchen wir mehr als je Ariadnefäden aus dem Labyrinth der Welt, und nur ein neuer Mann der Sehnsucht wird sie für uns und mit uns suchen – finden.

Eduard Spranger, 1921

So offenbart sich Komensky in fast allen Bereichen der Pädagogik als ein kühner, weit vorausschauender Denker, der in den Traditionen der revolutionären Volksbewegungen seiner Zeit wurzelt und alle fortschrittlichen Ansätze seiner Epoche zusammenfaßt und schöpferisch weiterentwickelt. Viele seiner wertvollen pädagogischen Gedanken wurden in der bürgerlichen Gesellschaft verflacht und entstellt oder überhaupt nicht beachtet. Der tiefe demokratische und humanistische Gehalt seiner Pädagogik kann erst jetzt volle Würdigung und Verwirklichung finden. Überall, wo man dazu übergangen ist, eine sozialistische Ordnung zu errichten, knüpfen die Erzieher an wichtige Prinzipien der Pädagogik Komenskys an. Erst im Sozialismus sind die realen Grundlagen gegeben, das fortschrittliche pädagogische Vermächtnis Komenskys voll und ganz zu erfüllen.

Robert Alt, 1954

Nicht aufzugeben, ein Leben lang, ist das Schwerste. Für den heutigen Leser mag die comenianische Gewißheit oft kaum begreiflich sein: Inmitten der Unruhe, am Rande der Vernichtung ist eine unendliche Ruhe, als wäre alles schon längst zurückgenommen. Das Erwartete ist schon gegenwärtig. In allem steht das Werk des Jan Amos Comenius, das Werk des größten Sohnes des tschechischen Volkes, des menschlichen Zeugen der protestantischen Überlieferung, mit seiner Dringlichkeit erst am Anfang, als Hinweisung zum Frieden inmitten physischer und psychischer Verwüstung.

Es ist fortzusetzen.

Heinz-Joachim Heydorn, 1970

Comenius ist *der* Klassiker der neuzeitlichen Pädagogik; er ist überhaupt ihr Begründer. So wie einst Aristoteles die Philosophie zum ersten Mal systematisch und wissenschaftlich zusammengestellt hat, so legte Comenius zum ersten Mal, man darf sagen, das einzige Mal und auf einmalige Weise, ein allumfassendes pädagogisches System vor. Dies allein schon ist Grund genug, sich mit Comenius' Werk zu befassen.

Johannes Schurr, 1981

Bibliographie

Diese Bibliographie kann nur eine Auswahl anbieten. Die Primärliteratur (Teil 2 bis 5) sowie die Zeitschriften (Teil 7) sind chronologisch, die Abschnitte der Sekundärliteratur (Teile 1, 6 und 8 bis 13) alphabetisch geordnet.

Werden Artikel aus Sammelbänden verkürzt aufgeführt, finden sich die vollständigen Angaben zu den Sammelbänden in Abschnitt 8 (Aufsatzsammlungen).

1. Bibliographien, sprachliche Hilfsmittel

Bauer, E.: Deutsche Entlehnungen im tschechischen Wortschatz des J. A. Comenius. Münster/Westfalen 1983

Brambora, J.: Knižní dílo Jana Amose Komenského (Das literarische Werk J. A. Komenskýs). Praha ²1957

Heydorn, H.-J. (Hg.): Jan Amos Comenius. Geschichte und Aktualität 1670–1970, Bd. 2: Eine Bibliographie des Gesamtwerkes. Glashütten/Taunus 1971

Pilz, K. (Hg.): Johann Amos Comenius. Die Ausgaben des Orbis Sensualium Pictus. Eine Bibliographie. Nürnberg 1967

Rösel, H.: Wörterbuch zu den tschechischen Schriften des J. A. Comenius. Münster/Westfalen 1983

Totok, W.: Handbuch der Geschichte der Philosophie, Bd. IV: Frühe Neuzeit/17. Jahrhundert. Unter Mitarbeit von E. Schadel, I. Dietsch und H. Schröer. Frankfurt a. M. 1981, S. 384–419

Weitz, S. E.: Komenský-Ausgaben 1957–1970. Eine internationale Übersicht. In: Ost-West-Pädagogik. Forum für den Vergleich europäischer Bildungsprobleme. Hg. von der Deutschen Pestalozzi-Gesellschaft. Köln 1970, S. 90–104

2. Gesamtausgaben

Jana Amose Komenského Veškeré Spisy. Hg. von J. Kvačala u. a. Prag, Brünn 1910ff (Erste kritische Ausgabe, nur einige Bände erschienen) (lat. und tschech.)

Opera didactica omnia. Hg. von O. Chlup. Pragae 1957 (Nachdruck der Ausgabe von 1657, Amsterdam) (lat.)

Johannis Amos Comenii Opera Omnia. Dílo Jana Amose Komenského. Hg. im Auftrag der Böhmischen Akademie der Wissenschaften von A. Škarka. Praha 1969ff (lat. und tschech.), zitiert als OO

3. Auswahlausgaben

Ausgewählte Schriften. Hg. von J. BEEGER und J. LEUTBECHER. Bd. 2. Leipzig ^{2}1875 (dt.)
Pädagogische Schriften. Hg. von C. TH. LION. Langensalza 1875
Johann Amos Comenius zu dessen 300stem Geburtstage (28. März 1892). Hg. von E. PAPPENHEIM. Bd. 1. Langensalza 1892, Bd. 2. Langensalza 1898 (dt.)
Joh. A. Comenii Physicae Synopsis. Des Johann Amos Comenius Entwurf der Naturkunde. Hg. von J. REBER (Comenii Opera, Tomus 1. Comenius Werke, Bd. 1). Gießen 1896 (lat.-dt.)
Ausgewählte Schriften zur Reform in Wissenschaft, Religion und Politik. Hg. von H. SCHÖNEBAUM. Leipzig 1924 (dt.)
Um eine vollkommene Reformation. Eine Auslese. Hg. von A. MOLNÁR. Prag 1957 (dt.)
Analytische Didaktik und andere pädgogische Schriften. Hg. von F. HOFMANN. Berlin (DDR) 1959 (dt.)
Das Seminar. Quellen. Witten-Ruhr ^{4}1970 (dt.)
Gewalt sei ferne den Dingen. Eine Auswahl aus seinen Schriften. Hg. von E. BIEWEND. Heilbronn 1971 (dt.)
Ausgewählte Werke. Hg. von D. TSCHIŽEWSKIJ und K. SCHALLER. 4 Bde. Hildesheim, New York 1973–1983 (dt. und lat.); Bd. IV, 1.2: Antisozinianische Schriften. Hg. von E. SCHADEL (lat.), zitiert als AW
Methodus linguarum novissima und andere seiner Schriften zur Sprachlehrforschung. Hg. von P. HARTMANN. Neustetten-Remmingsheim 1978
Das Labyrinth der Welt und andere Schriften. Hg. von I. SEEHASE. Frankfurt a. M. 1985 (dt.)
Informatorium der Mutterschul. Hg. von F. HOFMANN. Leipzig 1987 (dt.)

4. Wichtige Einzelausgaben

Schola ludus, d. i. Die Schule als Spiel. Hg. von W. BÖTTICHER. Langensalza 1889, ^{2}1907 (dt.)
Faber fortunae sive ars consulendi sibi ipsi. Glückschmied oder Die Kunst, sich selbst zu raten. Hg. von J. REBER. Aschaffenburg/Gießen 1895 (lat.-dt.)
Triertium catholicum. Hg. von J. V. KLÍMA. Praha 1920 (lat.)
Große Didaktik. Hg. von H. AHRBECK. Berlin (DDR) 1957 (dt.)
Vermächtnis der sterbenden Mutter, der Brüder-Unität. Hg. von M. BIČ. Neukirchen 1958 (dt.)
Janua linguarum reserata. Editio synoptica et critica. Hg. von J. ČERVENKA. Praha 1959 (lat.-tschech.)
Pampaedia. Hg. von D. TSCHIŽEWSKY, H. GEISSLER und K. SCHALLER. Heidelberg 1960, ^{2}1965 (lat.-dt.)
Cesta světla. Via lucis. Praha 1961 (lat.-tschech.)
Informatorium der Mutterschul. Hg. von J. HEUBACH, Heidelberg 1962 (dt.)
Vorspiele. Prodromus Pansophiae. Vorläufer der Pansophie. Hg. von H. HORNSTEIN. Düsseldorf 1963 (lat.-dt.)
Centrum Securitatis. Hg. von K. SCHALLER (nach der Ausg. von A. MACHER, 1737). Heidelberg 1964 (dt.)

Das einzig Notwendige. Hamburg 1964 (Neudruck der Ausgabe von 1904. Hg. von J. SEEGER und L. KELLER) (dt.)
Eine Auswahl aus der Pampaedia. Hg. von K. SCHALLER. Heidelberg 1964
De rerum humanarum emendatione consultatio catholica. Hg. von O. CHLUP. Academia Scientiarum Bohemoslavaca. Pragae 1966 (Tomus I et II) (lat.)
Die Erneuerung der Schulen (Panorthosia XXII). Hg. von K. SCHALLER. Bochum o. J. (lat.-dt.)
Janua rerum. München 1968 (Nachdruck der Ausgabe von 1681) (lat.)
Allgemeine Beratung über die Verbesserung der menschlichen Dinge. Eine Auswahl. Hg. von F. HOFMANN. Berlin (DDR) 1970 (dt.)
Böhmische Didaktik. Hg. von K. SCHALLER. Paderborn 1970 (dt.)
Das Labyrinth der Welt und das Paradies des Herzens (nach der dt. Übersetzung von Z. BAUDNIK von 1907). Luzern, Frankfurt a. M. 1970 (dt.)
Panaugia. Hg. von D. TSCHIŽEWSKIJ (Nachdruck der Ausgabe von 1660). München 1970 (lat.)
Clamores Eliae. Hg. von J. Nováková. Kastellaun 1977 (lat.)
Kurzgefaßte Kirchen-Historie der Böhmischen Brüder. In: Quellen zur Geschichtsschreibung der Böhmischen Brüder (Nachdruck der Ausgabe von 1739). Hildesheim, New York 1980
Die Uralte Christliche Catholische Religion. In: Quellen und Darstellungen zur Geschichte der böhmischen Brüder-Unität. Hg. von A. MOLNÁR. Ergänzungsbd. I: Deutsche Katechismen der Böhmischen Brüder (Nachdruck der Ausgabe von 1661). Hildesheim 1982
Große Didaktik. Hg. von A. FLITNER. Stuttgart ^{6}1985 (dt.)
Orbis sensualium pictus (Nachdruck der Erstausgabe von 1658). Dortmund ^{3}1985 (lat.-dt.).
Pforte der Dinge – Janua rerum. Hg. von E. SCHADEL. Hamburg 1989 (dt.)

5. Lebenszeugnisse

PATERA, A. (Hg.): Jana Amosa Komenského Korrespondence. V Praze 1892
KVAČALA, J. (Hg.): Zur Lebensgeschichte des Comenius. Autobiographisches aus den Schriften des Comenius, zusammengestellt vom Hg. In: Monatshefte der Comenius-Gesellschaft, Bd. I, 1892, S. 109–121, 196–204, 275–285; Bd. II, 1893, S. 39–46, 73–80, 136–143, 178–185, 226–232, 273–282
–: Korrespondence Jana Amosa Komenského (Spisy Jana Amosa Komenského c. 1 und c. 5). 2 Bde. V Praze 1898 und 1902
– (Hg.): Die pädagogische Reform des Comenius in Deutschland bis zum Ausgange des XVII. Jahrhunderts. Bd. 1: Texte. Berlin 1903 (lat.)
–: Die letzten autobiographischen Aufzeichnungen des Comenius. In: Zeitschrift für Geschichte der Erziehung und des Unterrichts, Berlin, 3. Jg., 1913, S. 1–15
HALLE, F. (Hg.): Sendschreiben des Petrus Colbovius an J. A. Comenius (1650) und Brief des J. A. Comenius an Colbovius (1650). Ratingen, Kastellaun, Düsseldorf 1974 (lat.)
BLEKASTAD, M. (Hg.): Unbekannte Briefe des Comenius und seiner Freunde 1641–1661. Kastellaun 1976 (lat.)

6. Gesamtdarstellungen, Biographien

BLEKASTAD, M.: Comenius. Versuch eines Umrisses von Leben, Werk und Schicksal des Jan Amos Komenský. Oslo, Praha 1969

–: Komenskýs Leben, sein Schicksal und sein Werk. In: K. SCHALLER u. a., 1970, S. 16–27

HOFMANN, F.: Jan Amos Komenský. Berlin (DDR) 1962

–: Jan Amos Comenius. Lehrer der Nationen. Köln 1976

KOZIK, F.: Comenius. Prag 1980

KRATOCHVÍL, M. V.: Comenius. Roman eines Lebens. Hanau/Main 1984

KÜNKEL, H.: Das Labyrinth der Welt. Göttingen 1957

KVAČALA, J.: Johann Amos Comenius. Sein Leben und seine Schriften. Berlin, Leipzig, Wien 1892 (Reprint: 1989)

–: J. A. Comenius. Berlin 1914

LOCHMANN, J. M.: Comenius. Freiburg/Schweiz, Hamburg 1982

RIEMECK, R.: Der andere Comenius. Frankfurt a. M. 1970

7. Zeitschriften

Monatshefte der Comenius-Gesellschaft. Hg. von L. KELLER, dann von F. J. SCHMIDT, 1892 ff

Mitteilungen der Comenius-Gesellschaft. Leipzig, Bd. 1, 1893, Bd. 2, 1894; Fortsetzung unter dem Titel:

Comenius-Blätter für Volkserziehung. Berlin, dann Jena, Bd. 3, 1895 – Bd. 16, 1908; Fortsetzung unter dem Titel:

Monatshefte der Comenius-Gesellschaft für Volkserziehung. Jena 1909 ff

Acta Comeniana. Revue internationale des études cómeniologiques. Praha (Akademia), N. F. 1970 ff

Mitteilungsblätter der Comeniusforschungsstelle im Institut für Pädagogik der Ruhr-Universität Bochum 1970 ff

Studia Comeniana et historica. Uherský Brod 1971 ff (ab Jg. 1972 Bibliographia Comeniana. In Zusammenarbeit mit D. Neslálková hg. von der Pädagogischen Comenius-Bibliothek an der Tschechoslowakischen Akademie der Wissenschaften in Prag)

8. Aufsatzsammlungen

BAUMGART, F., u. a. (Hg.): Emendatio rerum humanarum. Erziehung für eine demokratische Gesellschaft. Festschrift für K. Schaller. Frankfurt a. M., New York 1985

DOBINSON, C. H. (Hg.): Comenius and Contemporary Education. An International Symposium; Commemoration of the Tercentenary of the Death of Comenius. Hamburg (Unesco Institute for Education) 1970

Gesellschaft, Menschenbildung, Pädagogische Wissenschaft. Vorträge zu Grundfragen der Pädagogik im J. A. Komenský-Gedenkjahr 1970. Hg. von der Sektion Erziehungswissenschaften der Martin-Luther-Universität Halle-Wittenberg. Halle 1971

Heydorn, H.-J. (Hg.): Jan Amos Comenius. Geschichte und Aktualität 1670–1970. Bd. 1: Abhandlungen. Glashütten/Taunus 1971
Kratochvíl, J. (Hg.): Jan Amos Komenský a moderní pedagogika (mit deutscher Zusammenfassung). Stuttgart 1971
Michel, G., und K. Schaller (Hg.): Pädagogik und Politik. Comenius-Colloquium Bochum 1970. Ratingen, Kastellaun, Düsseldorf 1972
Schaller, K., u. a.: Jan Amos Komenský. Wirkung eines Werkes nach drei Jahrhunderten. Heidelberg 1970
Schaller, K. (Hg.): Comenius. Erkennen – Glauben – Handeln. Internationales Comenius-Colloquium Herborn 1984. Sankt Augustin 1985
Weitz, S. E. (Hg.): Johann Amos Comenius. Jan Amos Komenský. 1670–1970. Köln 1971

9. Untersuchungen zur Pädagogik

Alt, R.: Der fortschrittliche Charakter der Pädagogik Komenskýs. Berlin 1954
Bellerate, B. M.: Aristotelismus, Christentum, Utopie und die pädagogische Gedankenwelt im Werk des J. A. Comenius. In: K. Schaller u. a., 1970, S. 35–51
–: Über den Zusammenhang von Natur und Methode in Komenskýs pädagogischem Denken. In: G. Michel und K. Schaller (Hg.), 1972, S. 39–54
–: Die Bedeutung der Utopie im Leben und in den Schriften J. A. Komenskýs. Anstöße und Erwartungen. In: F. Baumgart u. a. (Hg.), 1985, S. 31–43
Brambora, J.: Die Bedeutung des Sárospataker Aufenthalts Komenskýs für Ausreifung und Vollendung seiner pädagogischen und pansophischen Projekte. In: G. Michel und K. Schaller (Hg.), 1972, S. 32–38
Buck, G.: Rückwege aus der Entfremdung. Studien zur Entwicklung der deutschen humanistischen Bildungsphilosophie. München 1984, S. 29–89
Čapková, D.: Erziehung im Werk des Comenius als lebensandauernder Prozeß. In: H.-J. Heydorn (Hg.), 1971, Bd. 1, S. 119–142
Dilthey, W.: Gesammelte Schriften. Bd. IX: Pädagogik. Geschichte und Grundlinien des Systems. Stuttgart, Göttingen [3]1961, S. 160–164
Fischer, M.: Die Unterrichtsmethode des Comenius. Köln 1983
Gaebe, B.: Das Programm einer «nach mechanischen Gesetzen konstruierten didaktischen Maschine». Eine Untersuchung zu den Anfängen neuzeitlicher pädagogischer Theoriebildung. In: Zeitschrift für Pädagogik 30 (1984), S. 435 bis 447
Goethe, J. W. v.: Dichtung und Wahrheit, 1. Teil und 3. Teil, Weimarer Ausgabe (Nachdruck der Ausg. von 1887–1919), I. Abt. 26. und 28. Bd. München 1987
Heydorn, H.-J.: Die Hinterlassenschaft des Jan Amos Comenius als Auftrag an eine unbeendete Geschichte. In: H.-J. Heydorn (Hg.), 1971, Bd. 1, S. 9–32
–: Jan Amos Comenius. Grundriß eines Vermächtnisses. In: H.-J. Heydorn: Zur bürgerlichen Bildung. Anspruch und Wirklichkeit (Bildungstheoretische Schriften, Bd. 1). Frankfurt a. M. 1980
Hofmann, F.: J. A. Komenský – «Praeceptor humanitas». Halle (Saale) 1971
–: Wolfgang Ratke und Jan Amos Komenský – Eine «Synkrisis» pädagogischer Erkenntnis im 17. Jahrhundert. In: G. Michel und K. Schaller (Hg.), 1972, S. 65–77

–: Der enzyklopädische Impuls J. H. Alsteds und sein Gestaltwandel im Werke des J. A. Komenský. In: K. SCHALLER (Hg.), 1985, S. 22–29
–: Theatrum – Labyrinth – Pansophia – Panthenosia. In: F. BAUMGART u. a. (Hg.), 1985, S. 13–29
HORNSTEIN, H.: Bildung und Weisheit. Studien zur Bildungslehre des Comenius. Düsseldorf 1968
HUMMEL, F.: Von wem Comenius «die Fackel» erhielt und wem Comenius sie reichte. In: Neue Blätter aus Süddeutschland (Stuttgart), 21. Jg., 1892, S. 112–135
KRAMP, W.: Die Pädagogik des J. A. Comenius und das Problem der Verfrühung. Göttingen 1957
KYRÁŠEK, J.: Das Problem der Unterrichtsinhalte in der modernen Gesellschaft und bei Comenius. In: K. SCHALLER u. a., 1970, S. 111–125
–: Grundgedanken von Komenskýs «Pampaedia» und die Probleme der modernen Pädagogik. In: G. MICHEL und K. SCHALLER (Hg.), 1972, S. 55–64
MICHEL, G.: Die Welt als Schule. Ratke, Comenius und die didaktische Bewegung. Hannover u. a. 1978
–: «...die Gegenwart zum Nutzen der Zukunft zum Besseren gestalten». Von Komenskýs «cultura universalis» zu einer ökosophisch orientierten Didaktik. In: F. BAUMGART u. a. (Hg.), 1985, S. 45–61
MOLLENHAUER, K.: Vergessene Zusammenhänge. München 1983, S. 52ff
MÜLLER-ROLLI, S.: Bilderwelt – Spiegelwelt. Über Bilder und deren Bildungsgehalt. In: R. PREUL u. a. (Hg.), Bildung – Glaube – Aufklärung. Zur Wiedergewinnung des Bildungsbegriffs in Pädagogik und Theologie. Gütersloh 1989, S. 37–60
PALOUŠ, R.: Die Schule der Alten. J. A. Comenius und die Gerontagogik. Kastellaun 1979
PATOČKA, J.: Comenius und die offene Seele. In: K. SCHALLER u. a., 1970, S. 61–74
–: Die Philosophie der Erziehung des J. A. Comenius. Paderborn 1971
–: Jan Amos Komenský. Gesammelte Schriften zur Comeniusforschung. Bochum 1981
–: Jan Amos Komenský II. Nachgelassene Schriften zur Comeniusforschung. Sankt Augustin 1984
RÖHRS, H.: Die friedenserzieherischen Ideen des J. A. Comenius. In: Ders., Erziehung zum Frieden. Stuttgart 1971, S. 9–26
–: Die Studienzeit des Comenius in Heidelberg. In: K. SCHALLER (Hg.), 1985, S. 30–37
SADLER, J. E.: J. A. Comenius and the concept of universal education. London 1966
–: Comenius as an educational thinker. In: H.-J. HEYDORN (Hg.), 1971, Bd. 1, S. 59–71
SCHALLER, K.: Zur Grundlegung der Erziehungswissenschaften bei Comenius und Fichte. (Dissertation) Köln 1955
–: Pan. Untersuchungen zur Comenius-Terminologie. 's Gravenhage 1958
–: Die Pampaedia des Johann Amos Comenius. Eine Einführung in sein pädagogisches Hauptwerk. Heidelberg ^{3}1963
–: Die Pädagogik des Johann Amos Comenius und die Anfänge des pädagogischen Realismus im 17. Jahhundert. Heidelberg ^{2}1967

–: Die Bemühungen des Johann Amos Comenius um den Weltfrieden. In: Dienst für Kirche und Schule. Festschrift für E. Boué. Hg. von A. BACH. Dortmund 1968
–: «... auf daß sie aufhören, Krieg zu führen» – der «Engel des Friedens» des J. A. Comenius. In: K. SCHALLER u. a., 1970, S. 93–103
–: Komenskýs Humanismus. In: K. SCHALLER u. a., 1970, S. 104–111
–: Die politische Pädagogik des J. A. Comenius. In: H.-J. HEYDORN (Hg.), 1971, Bd. 1, S. 73–82
–: Die politische Pädagogik des J. A. Comenius. In: G. MICHEL und K. SCHALLER (Hg.), 1972, S. 10–21
–: Die Pädagogik der «Mahnrufe des Elias». Das Lebenswerk des J. A. Comenius zwischen Politik und Pädagogik. Kastellaun 1978
–: Komenskýs Handlungstheorie. In: K. SCHALLER (Hg.), 1985, S. 205–213
–: J. A. Comenius und die moderne Pädagogik, in: K. SCHALLER (Hg.), 1985, S. 225–234
–: Probleme eines Vergleichs von Bildungssystemen verschiedener Zeiten. Comenius und das heutige Erziehungswesen. In: Pädagogische Rundschau 40 (1986), S. 235–240
–: Herder und Comenius. Ein Lehrstück zur Aufklärung der Aufklärung. Sankt Augustin 1988
SCHEUERL, H.: Johann Amos Comenius (1592–1670). In: H. SCHEUERL (Hg.), Klassiker der Pädagogik. Bd. I. München 1979, S. 67–82
SCHURR, J.: Die Begründung der neuzeitlichen Pädagogik durch Johann Amos Comenius. In: Vierteljahresschrift für wissenschaftliche Pädagogik 60 (1984), S. 31–45
SPRANGER, E.: Comenius. Ein Mann der Sehnsucht. In: Ders., Kultur und Erziehung. Leipzig ²1923, S. 56–63
TREML, A. K.: Einführung in die Allgemeine Pädagogik. Stuttgart, Berlin, Köln, Mainz 1987

10. Untersuchungen zur Theologie

BEČKOVÁ, M.: Zur Calvinisierung der Brüderunität im Hinblick auf J. A. Comenius. In: K. SCHALLER (Hg.), 1985, S. 73–81
BELLERATE, B. M.: J. A. Komenskýs religiöse Ideen und Handlungen und ihr Einfluß auf die Pädagogik. In: K. SCHALLER (Hg.), 1985, S. 100–110
BIEHL, P.: Johann Amos Comenius. In: H. SCHRÖER und D. ZILLESSEN (Hg.): Klassiker der Religionspädagogik. Frankfurt a. M. 1989, S. 47–73
GEISSLER, H.: Art. «Comenius». In: Religion in Geschichte und Gegenwart (RGG). Bd. I. Tübingen ³1957, Sp. 1853f
–: Das Christus-Verständnis in der Pädagogik des Johann Amos Comenius. In: W. ANDERSEN (Hg.), Das Wort in Geschichte und Gegenwart. München 1957, S. 196–208
–: Kolonialismus, Mission und Sprachenreform in der politisch-religiösen Gedankenwelt des J. A. Comenius. In: S. E. WEITZ (Hg.), 1971, S. 38–42
HEUBACH, J.: Die christliche Unterweisung bei J. A. Comenius. Göttingen 1952
HROMÁDKA, J. L.: Die Theologie von J. A. Comenius im Umbruch der Zeiten. In: Communio viatorum 2 (1959), S. 42–49

Lentzen-Deis, H. B.: Die Rolle und Bedeutung der Religion in der Pädagogik des Jan Amos Comenius. Ratingen 1969
Linde, J. M. van der: J. A. Comenius 1592–1670. Theoloog, pedagoog, politicus. Zeist 1970
–: Der andere Comenius. In: Unitas Fratrum 8 (1980), S. 35–48
Lochmann, J. M.: Theologie im universalen Horizont. In: K. Schaller (Hg.), 1985, S. 94–99
–: Der Mensch im Ganzen der Schöpfung. In: H.-Chr. Berg, G. Gerth und K. H. Potthast (Hg.), Unterrichtserneuerung mit Wagenschein und Comenius. Versuche Evangelischer Schulen 1985–1989. Münster 1990, S. 105–116
Molnár, A.: Comenius' Theologia naturalis. In: Communio viatorum 8 (1965), S. 53–62
–: Dienst an der Zukunft – Zum Verständnis des comenianischen Programms der Weltverbesserung. In: H.-J. Heydorn, 1971, Bd. 1, S. 33–43
–: Zum Theologieverständnis des Comenius. In: K. Schaller (Hg.), 1985, S. 61–72
Nipkow, K. E.: Bildung – Glaube – Aufklärung. Zur Bedeutung von Luther und Comenius für die Bildungsaufgaben der Gegenwart. Konstanz 1986
–: Bildung als Lebensbegleitung und Erneuerung. Kirchliche Bildungsverantwortung in Gemeinde, Schule und Gesellschaft. Gütersloh 1990, S. 215–228
Říčan, R.: Einige Beobachtungen zur Frage der religiösen Toleranz und des Oekumenismus bei Comenius. In: H.-J. Heydorn, 1971, Bd. 1, S. 151–167
Rössler, D.: Grundriß der Praktischen Theologie. Berlin, New York 1986
Scheuerl, H., und H. Schröer: Art. «Comenius». In: Theologische Realenzyklopädie (TRE). Bd. 8. 1981, S. 162–169
Schröer, H.: Reich Gottes bei Comenius. In: K. Schaller (Hg.), 1985, S. 87–93
Smolík, J.: Der ökumenische Beitrag des J. A. Comenius. In: Communio viatorum 13 (1970), S. 57–73
–: Das eschatologische Denken des Johan Amos Comenius. In: Evangelische Theologie (EvTh) 43 (1983), S. 191–202
Tschižewskij, D.: Comenius und die deutschen Pietisten. In: Ders., Aus zwei Welten. 's Gravenhage 1956, S. 165–171
Voeltzel, R.: Johann Amos Comenius oder: Das Religiöse in seiner Erziehungslehre. In: H.-J. Heydorn (Hg.), 1971, Bd. 1, S. 83–118
Vorländer, H.: Der Theologe Johann Amos Comenius. In: Zeitschrift für Kirchengeschichte 79 (1968), S. 159–179

11. Untersuchungen zur Philosophie und zu einzelnen Themen und Werken

Beisswänger, G.: Amos Comenius als Pansoph. Stuttgart 1904
Brambora, J.: Das Nationale und Übernationale im Denken und literarischen Schaffen des Comenius. In: H.-J. Heydorn (Hg.), 1971. Bd. 1, S. 143–149
Britschgi, G.: Naturbegriff und Menschenbild bei Comenius. Zur Begründung der Bildungsidee im universalen Rationalismus. Zürich 1964
Červenka, J.: Die Naturphilosophie des Johann Amos Comenius. Hanau/Main 1970

DISSEL, K.: Der Weg des Lichtes. Die Via lucis des Comenius. In: Monatshefte der Comenius-Gesellschaft IV (1895), S. 295–305

DÜLMEN, R. v.: Johann Amos Comenius und Johann Valentin Andreae. Ihre persönliche Verbindung und ihr Reformanliegen. In: Bohemia-Jahrbuch 9 (1968), S. 73–87

EISENBERG, G.: Zum Begriff der Vernunft bei J. A. Comenius. In: H.-J. HEYDORN (Hg.), 1971. Bd. 1, S. 169–186

FLOSS, P.: Die Stellung des Comenius in der Entwicklung des europäischen Denkens. In: H.-J. HEYDORN (Hg.), 1971. Bd. 1, S. 45–58

–: Comenius and Descartes. In: Zeitschrift für philosophische Forschung 28 (1972), S. 231–253

–: Komenskýs Auseinandersetzung mit dem Cartesianismus in seinen naturwissenschaftlichen Schriften. In: K. SCHALLER (Hg.), 1985, S. 189–196

GEISSLER, H.: Comenius und die Sprache. Heidelberg 1959

GLAS, N.: Amos Comenius. Philosoph und Pädagoge des Arabismus. Stuttgart 1976

HERDER, J. G.: Briefe zur Beförderung der Humanität. In: Sämtliche Werke, Bd. XVII. Hg. von B. SUPHAN. Hildesheim 1967 (57. Brief, S. 276–283)

KALIVODA, R.: ‹Consultatio Catholica› – eine Großtat tschechischen Denkens. In: K. SCHALLER u. a., 1970, S. 52–61

KRAEMER, G. B.: Sprache und Sprachbildung in der Sicht des Comenius. (Dissertation) Tübingen 1977

KUNNA, U.: Komenskýs Stellung zum Cartesianismus in seinen Spätschriften. In: K. SCHALLER (Hg.), 1985, S. 197–204

MAHNKE, D.: Der Barock-Universalismus des Comenius. In: Zeitschrift für Geschichte der Erziehung und des Unterrichts, 21. Jg., 1931, H. 2 und 4; 22. Jg., 1932, H. 2

NOVÁK, J. V.: Die letzten pansophischen Schriften des Comenius. In: Monatshefte der Comenius-Gesellschaft, 8. Bd., 1899, S. 221–237

POLIŠENSKÝ, J. V.: Comenius, Huygens and Newton or: The Social and Scientific Revolutions of the 17th Century. In: H.-J. HEYDORN (Hg.), 1971. Bd. 1, S. 187–199

SCHADEL, E.: Die Sozinianismuskritik des J. A. Comenius und die Genese des neuzeitlichen Selbst- und Wissenschaftsverständnisses. In: K. SCHALLER (Hg.), 1985, S. 164–188

SCHURR, J.: Comenius. Eine Einführung in die Consultatio catholica. Passau 1981

SEIBT, F.: Comenius als Utopist. In: G. MICHEL und K. SCHALLER (Hg.), 1972, S. 22–31

ŠKARKA, A.: Die Clamores Eliae des Jan Amos Komenský. In: Zeitschrift für Pädagogik 14 (1968), S. 21–37

STAEDKE, H.: Die Entwicklung des enzyklopädischen Bildungsgedankens und die Pansophie des J. A. Comenius. Leipzig 1930

TSCHIŽEWSKIJ, D.: Comenius und die abendländische Philosophie. In: Ders., Aus zwei Welten. 's Gravenhage 1956, S. 155–164

–: Kleinere Schriften II: Bohemica. München 1972

TURNBULL, G. H.: Hartlib, Dury and Comenius. London 1947

12. Untersuchungen zur Wirkungsgeschichte

FISCHER, H.-D. (Hg.): «Comenius» in Konversationslexika. Sankt Augustin 1983

HOFMANN, F.: Traditionen, Ergebnisse und Perspektiven der Komenský-Forschung in der DDR. In: Gesellschaft, Menschenbildung, Pädagogische Wissenschaft, 1971, S. 84–94

MICHEL, G.: Schulbuch und Didaktik – Ein Beitrag zur Wirkungsgeschichte des Comenius im 18. Jahrhundert. In: G. MICHEL und K. SCHALLER (Hg.), 1972, S. 78–91

–: Schulbuch und Curriculum. Comenius im 18. Jahrhundert. Ratingen 1973

SCHALLER, K.: Die gegenwärtige Comenius-Renaissance und ihr literarischer Niederschlag. In: Kirche im Osten. Studien zur osteuropäischen Kirchengeschichte und Kirchenkunde. Hg. von R. STUPPERICH. Bd. 9, 1966, S. 182–190

–: Comenius. Darmstadt 1973

13. Zeitgeschichte

BLANKERTZ, H.: Die Geschichte der Pädagogik. Von der Aufklärung bis zur Gegenwart. Wetzlar 1982

BRAUBACH, M.: Vom Westfälischen Frieden bis zur Französischen Revolution (GEBHARDT: Handbuch der deutschen Geschichte, Bd. 10). München 1974

DOLCH, J.: Lehrplan des Abendlandes. Ratingen ^{3}1971

GÜNTHER, K.-H., u. a. (Hg.): Geschichte der Erziehung. Berlin (DDR) 1987

MACHILEK, F.: Art. «Böhmische Brüder». In: Theologische Realenzyklopädie (TRE). Bd. 7, 1981, S. 1–8

MUMFORD, L.: Mythos der Maschine. Frankfurt a. M. 1977

PAULSEN, F.: Geschichte des gelehrten Unterrichts. Bd. 1. Leipzig ^{3}1919

–: Das deutsche Bildungswesen in seiner geschichtlichen Entwicklung. Stuttgart 1966

ŘÍČAN, R.: Das Reich Gottes in den böhmischen Ländern. Geschichte des tschechischen Protestantismus. Stuttgart 1957

–: Die Böhmischen Brüder. Berlin 1961

ZEEDEN, E. W.: Das Zeitalter der Glaubenskämpfe (GEBHARDT: Handbuch der deutschen Geschichte, Bd. 9). München 1973

Namenregister

Die kursiv gesetzten Zahlen bezeichnen die Abbildungen

Über den Autor

Veit-Jakobus Dieterich, geboren 1952, studierte von 1971 bis 1979 Geschichte, Chemie und Theologie an den Universitäten Bonn, Heidelberg und Tübingen; 1978 Erste Theologische Dienstprüfung, 1979 Wissenschaftliche Prüfung für das Lehramt an Gymnasien in Chemie und Theologie; von 1979 bis 1982 Vikariat. 1982 Zweite Evangelisch-theologische Dienstprüfung; Beginn eines Promotionsstudiums in Pädagogik; 1983/84 einjähriger Studienaufenthalt in Santiago de Chile; von 1984 bis 1986 Pfarrertätigkeit in Stuttgart; seit 1986 Religionslehrer an einer Berufsschule, 1989 Promotion im Fachbereich Sozial- und Verhaltenswissenschaften der Universität Tübingen. Wohnhaft in Stuttgart.

Veröffentlichungen: Naturwissenschaftlich-technische Welt und Natur im Religionsunterricht. Eine Untersuchung von Materialien zum Religionsunterricht in der Weimarer Republik und in der Bundesrepublik Deutschland (1918–1985), Frankfurt a. M., Bern, New York, Paris 1990 (2 Bde.); Science and Theology in Religious Education, in: JET (Journal of Empirical Theology), Vol. 3, 1990, No. 1, S. 47–57.

Quellennachweis der Abbildungen

Bildarchiv Preußischer Kulturbesitz, Berlin: 6
Archiv für Kunst und Geschichte, Berlin: 10, 12/13, 22, 27, 29, 34, 65, 66, 75, 78/79, 80, 83, 85, 89, 91, 92, 98, 108, 113
Národní Muzeum v Praze, Prag: 14, 16, 20, 25 (oben und unten), 30, 32/33, 35, 35/36, 41, 49, 57, 62, 69, 85, 94, 95, 104, 107, 109, 127
Aus: Mirjam Daňková: Bratrské tisky Ivančické a Kralické. The Prints of Ivančice and Kralice of the Union of Czech Brethren (1564–1619). Prag 1951: 15
Aus: Amedeo Molnár: Jan Amos Komenský. O sobě. Noemi Rejchrtová 1987: 18, 19 oben, 45, 46, 47, 71
Geschichtsverein Herborn e. V., Herborn: 19, 21, 130
Historia-Photo, Hamburg: 31
Stichting Comenius Museum, Naarden: 40, 53, 60, 84, 100, 114
Aus: Jaromir Kopecký, Jan Patočka, Jiří Kyrášek: Jan Amos Komenský. Nástin, života a díla. O. O. 1957: 50, 99
Aus: Johann Amos Comenius: Orbis sensualium pictus. Nürnberg 1658: 61, 93, 102, 118, 119 (links und rechts)
Aus: Jan Amos Comenius: Porta Linguarum Trilinguis Reserata. 1631: 64
Aus: Vybrané spisy Jana Komenského. Svazek III. Prag 1964: 86
Aus: František Karšai: Jan Amos Komenský a slovensko. Bratislava 1970: 90
Rijksmuseum-Stichting Amsterdam: 101
Aus: Anna Heyberger: Jean Amos Comenius (Komenský). Sa vie et son œuvre d'éducateur. Paris 1928: 111
Privatsammlung: 127 oben

rowohlts bildmonographien

Thema Naturwissenschaft, Pädagogik, Medizin

Naturwissenschaft

Medizin

Pädagogik

C 2057 /8 b